高校社科文库
University Social Science Series

教育部高等学校
社会科学发展研究中心

汇集高校哲学社会科学优秀原创学术成果

搭建高校哲学社会科学学术著作出版平台

探索高校哲学社会科学专著出版的新模式

扩大高校哲学社会科学学科科研成果的影响力

国库现金管理创新

邓晓兰/著

The Treasury Cash
Management Innovation

光明日报出版社

图书在版编目（CIP）数据

国库现金管理创新 / 邓晓兰著 . -- 北京：光明日报出版

社，2010.1（2024.6 重印）

（高校社科文库）

ISBN 978－7－5112－0465－3

Ⅰ.①国… Ⅱ.①邓… Ⅲ.①国库—现金管理—研究—中国

Ⅳ.①F832.21

中国版本图书馆 CIP 数据核字（2009）第 206521 号

国库现金管理创新
GUOKU XIANJIN GUANLI CHUANGXIN

著　　者：邓晓兰

责任编辑：刘　彬　　　　　　　　责任校对：许　诺　许志超
封面设计：小宝工作室　　　　　　责任印制：曹　净

出版发行：光明日报出版社
地　　址：北京市西城区永安路 106 号，100050
电　　话：010-63169890（咨询），010-63131930（邮购）
传　　真：010-63131930
网　　址：http://book.gmw.cn
E － mail：gmrbcbs@gmw.cn
法律顾问：北京市兰台律师事务所龚柳方律师

印　　刷：三河市华东印刷有限公司
装　　订：三河市华东印刷有限公司
本书如有破损、缺页、装订错误，请与本社联系调换，电话：010-63131930

开　　本：165mm×230mm
字　　数：233 千字　　　　　　　印　　张：12.25
版　　次：2010 年 1 月第 1 版　　　印　　次：2024 年 6 月第 2 次印刷
书　　号：ISBN 978－7－5112－0465－3－01
定　　价：65.00 元

前　言

　　中国经济体制的市场化改革要求建立和完善公共财政体系。打破传统国库管理制度，建立现代国库管理制度是我国公共财政体系建设的重要任务。建立现代国库管理制度的核心内容之一是创新国库现金管理模式。因为我国国库现金管理体制所面临的内外部环境正在发生变化，传统的国库现金管理模式不符合发展公共财政的要求。从外部环境因素看，我国正处于计划经济向市场经济转轨的深化阶段，我国市场经济体制框架基本建成；从内部环境看，由市场经济决定的我国公共财政框架的建立和正在进行的国库集中收付制度改革实践，已经打破了现行国库管理制度的均衡，主要表现为我国国库存在巨额现金闲置余额，表明出现了潜在的获利机会，亟需改革创新我国传统的国库现金管理模式，否则，任由大量国库现金余额闲置，将不符合公共财政提高公共资源配置效率和社会总福利水平的客观要求。

　　国库现金管理本质上是一种成本效益性管理，是一种提高政府国库现金收支和头寸管理效率的政府内部和政府与其他部门之间的激励性制度安排。国库现金管理创新的主要内容是，通过全面的现金流预测与监控机制，用科学的方法测定国库最佳现金持有量，并引入市场机制对国库现金余额投资运作，以获得风险最小化的投资收益，实现提高国库现金管理效率的目的。

　　本书的研究目标是对构建适合我国公共财政发展要求的新型国库现金管理模式进行系统论证，不仅要从国库管理制度改革是公共财政体系建设不可或缺的组成部分的认识高度，系统阐述我国国库现金管理模式创新的理论和现实依据，以及国库现金管理创新的主要内容；而且，还将着重从宏观层面和制度变迁的角度分析国库现金管理创新将可能导致的相关部门之间的政策冲突和制度协调问题。其根本目的是为我国现代国库管理制度改革提供决策参考依据。

本书的选题定于 2004 年春，我的导师冯根福教授以经济学人敏锐的视角，抓住了这一前沿性的课题，要我作为博士论文选题悉心研究。经历了 6 个寒来暑往的艰辛，终于可以怀着忐忑之心，将几年苦苦思索的研究成果呈现给经济学界的同仁们，期待着大家的批评指正。本书文稿中的一些内容借鉴吸纳了学术界一些专家学者的真知卓见（以脚注和参考文献形式标示在书中，可能还有挂一漏万，在此深表感谢和歉意），另外，还有作者已经在一些经济学核心期刊发表的阶段性成果，如第 2 章的部分内容"国库现金管理模式创新的制度经济学分析"（发表在《财政研究》，2007 年第 2 期）；第 4 章的部分内容"基于 Miller-Orr 模型的省级政府现金管理实证研究"（发表于《当代经济科学》，2006 年第 5 期）；第 5 章的部分内容"国库现金管理与国库资金余额投资运作构想"（发表在《当代财经》，2005 年第 6 期，该文还获得陕西省第八届哲学社会科学优秀成果三等奖）；第 7 章的部分内容"我国货币供应量影响因素的实证分析"（发表在《财经理论与实践》，2006 年第 5 期）；第 8 章的部分内容公开市场操作：国债与央行票据替代性分析（发表于《上海金融》，2008 年第 10 期）。

本书能够付梓得益于多方面许多人的支持和帮助，在此，衷心地表示感谢。首先我要感谢导师冯根福教授，是他高瞻远瞩，高屋建瓴为我指明研究方向，写作过程中，研究思路的进一步理清，大纲的完善，都离不开导师指点迷津。在我将博士论文初稿呈交给导师后，他逐字逐句审阅并修改文稿。在博士论文答辩通过后，又是他鼓励我继续深入研究，积极申报国家社科基金项目，结果有幸中标，获得 2006 年度国家社科基金项目资助（06XJY024《公共财政体系建设中的国库现金管理创新研究》）。受益于国家社会科学基金的资助，我才能对该选题继续深入研究，促就了该书的完成。所以，要特别对国家社科基金的资助深表谢忱。

我还要感谢在选题研究和写作的不同阶段给予我无私帮助的人们。同事王俊霞副教授、徐谦博士、陕西省国库支付局赵榆森处长在第四章研究地方国库现金管理的章节提供了宝贵意见与资料；我的博士研究生张旭涛、黄显林、硕士研究生段从峰，和已经毕业的西安交通大学财政系的硕士研究生李万新、王晓芳、陈宁、陈敏、王晓轩等，在大量的文献资料和数据的收集整理，以及计量工具的应用等方面提供了竭诚的帮助，甚至，书中某些观点的形成也汲取了他们的智慧。现在掩卷回想本书的写作过程，正因为有了他们的热心帮助，书稿的写作工作才顺利得多。

　　本书能够出版我必须感谢教育部高等学校社会科学研究中心和光明日报出版社，是这两个单位的支持和编辑的严格把关，为本书的顺利出版提供了条件和质量保障。

邓晓兰

2009 年 6 月于西安

CONTENTS 目　录

第一章

绪 论

1.1 选题背景与研究目标

我国社会主义市经济体制的确立要求建立和完善公共财政体系。构建公共财政体系有两大任务：一是建立公共财政功能框架，即按公共财政本质要求建立和完善公共财政收入与支出机制；二是建立公共财政管理框架，即按公共财政本质要求管理财政收支，提高财政公共资源的利用效率。第一方面的任务通过改革完善税收体制、调整支出结构来实现，从理论到实践已进行了多年，而第二方面的任务近几年才提到议事日程，主要通过建立现代国库管理制度来实现。

所谓现代国库制度是相对于我国计划经济体制下传统国库制度而言。按我国传统教科书对国库的界定，国库是国家金库的简称，是专门负责办理国家预算资金的收纳和支出的机关。国家的全部财政预算收入都收纳入库，一切财政预算支出都由国库拨付。根据这种界定，按国家财政预算收支保管形式，可以将国库制度分为两种：独立国库制和委托国库制。独立国库制是指国家专门设立相应机构办理国家财政预算收支的保管、出纳工作；委托国库制是指国家不单独设立国库机构，而委托中央银行代理国库业务。

按照国际货币基金组织的定义，国库不单是指国家金库，更重要的是指财政代表政府控制预算的执行、保管政府资产和负债的一系列管理职能[1]。国库现金和债务管理的效率，以及能否及时准确地为财政管理和宏观经济决策提供完整的预算执行报告，是衡量一个国家国库管理水平的两个关键指标[2]。换句话说，即目前西方国家的国库已不单纯是国家预算资金收纳的金库，而更为重要的是在进行政府现金管理的基础上，对政府预算包括预算外资金进行广泛而严格的控制，并代表政府制定政府融资政策、负责国债的发行和管理。国库的职能已由传统的"库藏"管理发展成包括控制政府预算内外资金、管理政府现金和债务、处理政府的支付、开发维护相应的管理信息系统等宏观财政管理和微观财政控制领域，实际上全面履行财政管理的职能。但在我国，按照《中华人民共和国国家金库条例》，中国人民银行具体经理国库，组织管理国库工作是人民银行的一项重要职责。国库的主要职责是负责办理国家预算资金的收纳、划分、报酬、支拨、结算，并向上级国库和同级财政机关反映预算收支的执行情况。由此可见，我国国库制度属于委托国库制度模式，即由人民银行代理国库，其职能具有明显的收纳和拨付财政资金的代理性质。这种代理性质表明我国的国库仍然是传统意义上的国库，仅仅是进行财政收支会计核算的机构，扮演着政府财产的保管者和出纳者的角色。财政国库管理职能的缺位，不仅严重挫伤了财政部门管理的自主性和积极性，而且对财政管理的弹性空间和管理的必要性和有效性也产生了严重影响。自建立社会主义市场经济体制以来，尽管我国国库管理进行了一些相应的变革，但因诸多经济关系尚未理顺，财政分配制度不统一、不规范等原因，迄今，我国国库管理体制仍然是传统模式，距现代国库管理模式还相差甚远[1]。西方国家现代国库管理制度的运作机制主要体现在两个方面：一是设置国库单一账户，即将所有政府现金资源（包括税收收入和其他预算内收入，也包括各项预算外资金）集中在中央银行账户，不允许在其他银行开户；二是集权化政府支出模式，即只有当国库资金实际支付给商品供应商或劳务提供者后，才将资金从国库单一账户中划转出去，其目的在于加强政府现金支出管理与控制。

2001 年财政部国库支付局和 2005 年财政部国库司的相继组建成立，2001年财政部、中国人民银行印发的《财政国库管理制度改革试点方案》标志着我国财政国库管理制度改革掀开了新的一页，正式拉开了国库管理制度改革的帷幕。截至 2004 年底，全国 35 个省（直辖市）和计划单列市财政部门分别在本级建立了国库机构，并已按照国务院同意的改革方案进行了国库集中收付管理的改革试点。实施国库集中收付制度管理模式之后，不仅克服了传统国库管理模式的部分弊端，而且也使国库现金余额有大幅度增加。据有关权威部门的初步估算，我国国库现金月末余额大致 5000 亿元，如果遇上财政收入"丰水期"，国库现金存量会更大[2]。同时，我国的国债发行规模呈迅速膨胀态势，国债发行量 2002 年为 5679 亿元，2003 年为 6403 亿元，2004 年为 7022亿元，2005 年预算发行数为 7023 亿元，中央政府债务余额占中央财政总支出的比重从 1995 年的 80%左右已经上升到 2003 年的 140%①。由此可见，我国

---

① 数据来源于：《中国财政年鉴 2004》，北京：中国财政出版社，2004 年 12 月。

财政目前存在高负债与高闲置资金并存状态：一方面发行巨额的公债要付利息，另一方面又有很多库底资金闲置不用。财政在央行拥有不必要的大额现金余额，会带来多方面的问题：①忽略了现金的时间价值，增加了现金机会成本和政府成本，减少了财政利用国库闲置现金的收益；②增加政府风险，尤其是资产负债不匹配方面的风险及相关的市场风险，一方面大量的国库现金闲置在银行账户上，另一方面政府大量发行国债来弥补财政赤字，不仅增加了政府运行成本，而且增加了财政债务风险。

针对这种现象，学术理论界近年（大约从 2001 年）开始关注我国国库现金管理体制的改革创新问题。无论是理论还是实际工作者均已认识到对国库现金管理体制模式的改革创新已迫在眉睫。本书的写作意图旨在对我国国库现金管理体制模式创新的问题进行系统的研究，期望通过本书的探讨，能够得出对我国财政国库现金管理体制改革有益的结论和政策建议，为推进我国现代国库管理制度的建立服务，为国库现金管理体制改革提供决策参考依据。

1.2 研究现状

国库现金管理的实践和研究历史并不长，20 世纪 80 年代始于发达市场经济国家，仅有 20 多年时间，而我国关于该问题的研究则刚刚起步，大约始于 2002 年。所以，就该问题的研究深度与广度看，国内与国外还有相当差距。

1.2.1 国外研究文献评述

20 世纪 80 年代，美国政府及其公共组织开始认可货币时间价值和现金的机会成本，逐步意识到可以从货币的时间价值中获得利益，并且意识到政府现金由政府自己进行投资管理更好，联邦政府决定开展国库现金管理。同时，OECD（即 Organization For Economic Cooperation and Development）国家在出现严重财政压力的背景下提出并实践了新型的国库现金管理模式。经过 20 多年的发展，发达市场经济国家已经形成了一套比较系统、高效的政府现金管理体制和市场化的国库现金管理理念，其研究文献从研究内容上看，主要集中在几个方面：

第一方面，广泛总结国库现金管理改革已有实践，并对发达国家国库现金管理实践进行理论总结。主要代表作有："政府现金与国库管理改革"（*Government Cash and Treasury Management Reform*）、"国际上政府现金管理实践"（*International Government Cash Management Practice*）、"政府现金管理好的与坏的实践"（*Government Cash Management Good-And Bad-Practice*）等。这类外国文献主要论述了如下问题：①界定国库现金管理的定义、目标、作用及其主要内容。比如新西兰国库与债务管理改革的负责人 Ian Storkey（2003）将国库现金管理定义、目标及其主要内容阐述为："政府现金管理指在适当的地方，适当的时间，拥有适当的资金来最高效率地实现政府职责。为了实现有效的现金管理应该保证：更加准确和及时地预测现金流量和余额；更加高效反馈现金管理程序和更好提供服务；整合风险头寸；协调现金和债务管理"①；②研究发达国家国库现金管理的类型，总结国库现金管理创新的经验教训。Ian Storkey 先生认为："在现金管理改革中处于领先地位的是澳大利亚，加拿大，芬兰，新西兰，瑞典，英国和美国⋯⋯在过去的 5－10 年间，政府（特别是 OECD 协议国家的政府）已经认识到完善的现金管理和债务管理激励带来的潜在成本节约。这些已经导致政府把现金管理和央行的货币政策相分开，以避免市场操作中对于利率管理的矛盾观点，并向市场参与者保证政策更加透明和清晰⋯⋯没有哪个独立的模式被国家所采用。这意味着每个国家都必须探索自己的国际化的有效实践模式"②；③重视政府现金管理的政策研究，提出国库现金管理需要放在宏观经济政策框架下进行，需要研究国库现金管理与债务管理及其央行货币管理政策的协调配合等问题。如英国财政部债务管理局前任总裁 Mike Williams（2003）先生认为"关于政府现金管理的组成部分还缺乏共识。从预算政策或管理看，它是政府的内部职能——确保现金无浪费闲置地流向所需之处。但对于负债管理者和央行来说，它是政府通过现金流动在金融领域的作用和影响，两者都很重要"③；因此，强调政府现金管理的研究应放在广泛的政策背景下进行，"现金管理政策需要放在四个更广泛的政策区域内：货币政策和控制金融部门流动性、利率、通胀的相关目标政策；政府实现自身平衡管理的政策；债务管理政策；金融市场发展政策。"④

第二方面的研究视角集中在发展中国家政府现金管理的改革问题上，主要观点有：①发展中国家的政府需要改革公共部门来克服银行业务和政府现金管

---

① Storkey, Ian Government Cash and Treasury Management Reform. Asian Development Bank, Governance Brief, Issue7 –2003.

② 同上。

③ Mike Williams. Government Cash Management Good-And-Bad Practice. Internal Technical Note. 2004. vol（9）

④ 同上。

理的无效率，并采取国际上最好的实践。因为无效的现金管理使政府产生了重要的机会成本支出。大多数发展中国家的政府现金和国库管理使用一种手工作业流程，包括：建立在支票和现金基础上的支付、多项银行账户、大额现金流和低息或者无息的闲置现金余额；关注债务支出控制而不是如何开展有效的银行业务和现金管理等。在大的发展中国家中，这种资金流通常会超过 10 亿美元。如果平均的借款成本在 4%—6% 之间且平均收益率为零或是接近于零，则这种资金流动每年可能会造成 5000 万美元的成本支出。因此，政府现金和国库管理改革应该被发展中国家看作是财政管理改革中重要的和高度优先的问题来解决。因为在 OECD 协议国家，现金和国库管理改革已经为政府创造出了重要的成本节约；②在发展中国家中，国库现金管理体制改革被视为政府财务管理改革中重要组成和优先项目[3]。国库现金管理体制改革正在发展中国家显现，泰国政府通过金融公众部门的管理者已经接受了来自泰国——澳大利亚生产能力建设基金（由澳大利亚国际发展组织设立）的援助进行现金管理改革。别的国家，例如斐济岛和蒙古国在亚洲发展银行于 20 世纪 90 年代后期设立的技术援助计划的支持下开始相似的改革[4]；③认为新兴发展中国家应将注意力集中在国库现金管理功能设计上："新兴发展中国家在体制、资源和技术的有效性受到更多的管制，政府现金管理功能设计需要考虑当地的制度。发展中国家在进行国库现金管理体制改革时，应确保官方当局的支持，并分阶段进行"①。新兴国家在财政现金管理功能上确定为四个不同的发展时期："第一是实行单一国库账户，即政府账户的整合阶段，将目前的财政现金余额汇总到财政部在中央银行的单一账户之内；第二是开发财政部的控制和预测现金流量的预测能力阶段，例如改变中央银行中的财政资产负债平衡，即现金管理功能的制度定位等；第三是大力调整阶段，专门发行某一类型国库券用于抵消政府净现金流量对银行业务的影响（或其他的短期融资工具），旨在平滑中央银行中财政资产负债的变化。资产负债余额的管理是较长期的（超过几个星期）平衡管理或结构性的管理，大体所有的政府资产负债余额都应该在既定范围内存入中央银行；第四是微调阶段，运用灵活的政策和选择较宽范围的工具或制度，进一步平滑在中央银行中的财政资产负债平衡的短

---

① Mike Williams. Government Cash Management Good-And-Bad Practice. Internal Technical Note. 2004. vol（9）.

期变化。"①

第三方面的研究内容是从操作层面上展开，研究发达国家国库现金管理中的方法与技术创新，代表作有：①国库现金管理近期的创新（*Recent Innovation in Treasury Cash Management*，*Kennetb D. Garbade*，*Jobn C. Partlan*，*and Paul J. Santro*），介绍了美国国库现金管理最近的三项技术创新[5]：一是财政税收及借款计划，以协调货币政策和国库现金管理；二是联邦电子税收支付系统，用电子转汇代替商品税支付中的支票，降低成本，减少在无息的缴纳账户上过夜的资金量，增加公共资金的收益，使现金管理者能够用实际的流量数据代替税收支付中的不准确的预测；三是当期投资，作为一个自动稳定器，使国库的储备银行余额维持在目标水平附近；②国库现金管理在路易斯安那州的实践（*Cash management practices in Louisiana municipalities*，*Christie C. Onwujuba*，*Thomas D Lynch. Journal of Public Budgeting*，*Accounting & Financial Mana-gement*），主要介绍美国地方政府国库现金管理的制度与方法[6]；③研究探讨现金管理和债务管理的配合问题。代表作有：英国现金管理新框架[7]（*UK Governme-nt Cash Management：The New Framework*）、现金管理与债务管理室手册（*cash management a DOM handbook*）等，着重探讨现金管理和债务管理协调的技术手段的创新问题[8]。最后，从研究方法上看，国外的研究广泛采用了定性与定量分析相结合的方法，尤其是计量统计分析手段的运用，使研究成果更具可靠性。

简言之，国际上关于国库现金管理创新的研究文献对于我国具有相当的借鉴意义与价值。第一，国外关于政府现金管理创新的研究成果总结了发达国家国库现金管理改革已有的理论和实践，并提出了发展中国家政府现金管理改革的必要性与现金管理创新的发展阶段设想建议，这为我国国库现金管理体制改革与创新提供了一定的理论依据与现实参照系，可以避免走弯路或少走弯路；第二，发达国家国库现金管理中的方法与技术创新问题的研究，从操作层面上为我国国库现金管理创新的深入发展提供了思路，在一定程度上指明了进一步研究方向；第三，研究方法上广泛采用了定性与定量分析相结合，运用统计计量分析手段对相关问题进行的实证分析值得学习借鉴。

1.2.2 国内研究现状述评

从研究内容上考察，我国关于国库制度改革的研究始于 2000 年，在 2002

---

① 同前页。

年以前面世的相关研究文献大都集中在"国库集中支付制度"方面，鲜见涉及国库现金管理的讨论。2002 年财政部财科所首先展开研究，并发表了系列研究报告《发达国家国库管理制度的考察与借鉴》[9]，《英、美国库现金管理模式比较与差异析源》[10]，《美国国库现金管理的历史回顾和背景剖析》① 等等，财科所研究报告在财政系统内部交流正式揭开了我国国库现金管理研究的帷幕。2003 年关于国库现金管理研究公开发表的主要代表文献有贾康、阎坤、周雪飞的《国库管理体制改革及国库现金管理研究》，该文首先总结了我国国库管理体制的历史和现状，分析了现行国库制度下国库现金管理存在的问题，然后，对市场经济国家在国库制度及国库现金管理方面的经验进行概括，在此基础上提出了改革我国国库管理体制与国库现金管理方式的建议[11]。2003 年发表的另一篇值得关注的研究文献是王雍君的《政府现金管理与国库改革》[12]，该文认为，现代国库系统的核心功能在于现金管理，尤其是现金余额的集中化，为此需要开发良好的现金管理系统，包括建立国库单一账户体系，避免过度集中和过度分散的管理模式，并充分考虑对银行系统和支出机构改革可能造成的影响。

上述研究文献第一次提出我国国库现金管理方式改革的问题，并将之明确为我国国库制度（管理体制）改革的核心内容，反映了学术界对我国国库管理体制及国库现金管理方式改革的重视，并为后来者对该问题的研究构建了一个初步的分析框架和基础。2004 年面世的相关研究成果主要有孟春、李晓慧的《建立高效率的政府现金管理体系》[13] 和潘国俊的《国库现金管理模式研究——兼论我国国库现金管理体制改革》[14]，这两篇文章着重介绍了国库现金管理的概念与内容，初步讨论我国国库现金管理模式改革的基本思路。接着，程丹峰、杨照南（2004）发表了《中国国库现金管理与货币市场投资选择》[15]，对我国国库现金管理方式改革作了更为具体的探讨，该文认为不断增长的财政国库现金余额已经成为中央政府一个重要的可运用财力，依据我国货币市场现状可以将国库现金余额投资于我国货币市场以获取国库现金的投资收益，避免政府现金的机会成本损失。

2005 年面世的代表性研究成果有马洪范（2005）的《发达国家熨平国库现金波动的经验》[16] 和《我国国库现金最佳持有量的确定：一个分析框

---

① 财政科学研究所：《美国国库现金管理的历史回顾和背景剖析》[J]，《中国财经信息资料》，2002 年 7 月 3 日第 10 期。

架》[17]，这两篇文献对国库现金管理的主要内容之——国库现金流量的管理进行了比较深入的探讨；韦士歌（2005）《中国国库现金管理战略思考与操作安排——从近几年中央国库存款余额持续较高谈起》[18]的研究文献，对我国近年国库存款余额增加的成因及利弊进行了分析，并从操作层面提出我国国库现金管理方式改革的具体建议。另外，王瑛（2005）发表的《国库现金管理法规背景的思考》[19]一文，是首篇专门从法律角度探讨我国国库现金管理制度改革的文献，文章对上述研究文献中提出的我国国库现金管理运作模式可能涉及到的法律规定问题进行了初步探讨。

总之，关于我国国库现金管理体制创新的研究在我国开展的历史不长，仅短短几年时间。上述研究文献主要对我国国库现金管理体制改革与创新思路进行了定性分析，其成果是富有开拓意义的，为后来者的研究奠定了良好的基础。研究内容从着重介绍、分析、借鉴国外的经验与理论展开，到结合国情揭示中国国库现金管理中存在的问题，进而讨论中国国库现金管理改革方向与框架，反映出我国对国库现金管理的研究正在层层深入，研究内容已有一定广度。但是，我国学术界对国库现金管理的研究，尚处于初级阶段，还需要从如下方面进一步展开研究。首先，任何一项改革实践要想取得成功都离不开正确、坚实的理论基础，但已有的研究未形成比较完善的国库现金管理创新的理论分析体系，尚需要对我国国库现金管理体制改革进行制度创新的经济学分析，为改革决策寻求理论依据，为该问题研究提供正确的理论分析框架。其次，国库现金管理的创新还只是一个轮廓的框架，尚需要细化研究其内容：①国库现金管理与央行货币管理的协调配合问题。国库现金管理及其国库余额资金的投资运作，必然增加货币市场投资需求，打破原有货币市场供求平衡状况，影响央行公开市场操作，进而影响货币政策执行的效果。因而，国库现金管理与央行货币管理的协调配合就应成为新体制研究中最令人注目的问题；②国库现金管理与政府债务管理的协调配合问题。因为国债是国库现金管理的重要工具，还是连接财政与货币政策的结合点，因此，国库现金管理与政府债务管理的协调配合也是需要下一步重点研究的问题；③从操作层面考虑，尚需要研究国库现金管理运作模式可能涉及到的法律规定等问题。再次，就经济问题的研究方法而言，以定性与定量分析相结合的实证研究为最佳。目前我国学术界的研究成果大都是定性分析的结论，尚缺乏定量的实证研究成果，由于实证分析方法的缺失，影响了现有研究成果的分析力度，致使所提出的政策建议和措施的参考价值及实用性受到一定影响。因此，研究国库现金管理创新有待加强实证研究方法的运用。

1.3 研究目标与拟解决的关键问题

1.3.1 研究目标和主要内容

研究目标主要是对构建适合我国公共财政发展要求的新型国库现金管理模式进行系统论证，为我国国库现金管理体制改革提供决策参考依据。主要内容包括：①论述国库现金管理制度创新的理论依据与现实依据，为构建适应公共财政体系要求的新型国库现金管理模式寻求理论支撑；②提出新型国库现金管理模式的框架，并对其内容进行界定与分析；③实证分析我国新型国库现金管理模式运行中将涉及到的财政与央行相关协调问题，为新型国库现金管理模式的运行提供决策参考依据。

1.3.2 拟解决的关键问题

我国市场经济体制的发展与完善要求必须改革国库现金管理体制，打破央行代理国库制度，在国库集中收付体系下实行财政金库制下的银行存款制，财政部门自主积极管理国库现金，对库底资金进行投资运作，追求国库资金增值效益。本书的研究就是建立在认可上述客观要求的基础上，首先对我国国库现金管理体制改革进行制度创新的理论分析，寻求改革与制度创新的理论与现实依据；然后提出我国国库现金管理体制模式创新的框架并界定其主要内容，为我国国库现金管理制度创新的实施提供决策参考；再后，探讨我国国库现金管理与政府债务管理以及与央行货币政策之间如何协调配合的问题。在探讨建立新型国库现金管理体制的过程中，国库现金管理与央行货币政策管理如何协调配合，怎样防止国库现金运作对货币市场的冲击，保证财政政策与货币政策相协调、共同实现宏观经济调控目标？这些问题是新体制安排中最令人深思且影响决策的重大问题。试图搞清楚二者之间存在怎样的相关性，揭示促进二者协调配合的政策与制度建设思路，应是本书拟解决的关键问题。本书将重点分析国库现金余额波动对央行基础货币量的影响、国库余额投资运作将会对货币市场造成怎样的冲击，国库现金管理与政府债务管理如何协调配合，以及国库现金管理与央行货币政策管理如何协调配合等问题。

1.4 研究方法与框架结构

1.4.1 研究方法

研究中，坚持将我国国库现金管理问题纳入到公共财政体系建设的框架内进行分析。主要以公共财政理论与现代财务理论以及制度创新理论为指导，系统分析国库现金管理体制创新的相关问题。主要采用以下研究方法：①比较研究方法，通过纵向比较与横向比较相结合，比较分析我国国库现金管理的传统模式，借鉴发达市场经济国家国库现金管理的成功经验，得出进行国库现金管理改革与创新的必要性与可行性的结论；②规范分析与实证分析相结合的方法，分析如何构建新型国库现金管理体制，研究国库现金最佳持有量的测定等问题；③定性分析与定量分析相结合方法，分析在我国国库现金管理与央行货币管理以及国库现金管理与政府债务管理的协调配合等问题。

1.4.2 研究框架

研究框架如图1.1所示。根据这一思路，本书内容包括十章：

第一章——绪论，主要介绍选题背景及意义、相关概念界定、国内外研究现状、研究目的、方法与结构框架。

第二章——国库现金管理体制创新的理论分析，是本书立题分析的理论基础部分，主要梳理国库现金管理的理论依据，介绍发达市场经济国家国库现金管理的理论观点，为研究的展开搭建一个分析框架。

第三章——我国新型国库现金管理体制的构建，本章结合我国国库现金管理的实际现状，分析我国国库现金管理体制改革与创新的必要性与可行性，随之提出适应我国公共财政发展要求的新型国库现金管理体制模式创新的总体框架，阐述我国国库现金管理的主体选择，机构设置、现金流控制等问题。

第四章——国库现金流量评析及目标余额的测定，是新型国库现金管理体制的核心内容，本书采用定量分析与定性分析相结合的方法，研究测定国库最佳现金持有量的原理，以及测定最佳持有量的具体方法。

第五章——库底资金运作与金融市场投资选择，是国库现金管理体制创新的重要内容，主要研究在我国目前的金融市场条件下，公共财政资金余额如何选择合理的投资运作方式，使国库现金余额在确保安全性、流动性的前提下，获得最大化的投资收益。

第六章——国库现金管理与政府债务管理的协调配合，是国库现金管理体制创新的核心内容，主要研究债务管理与国库资金运动的关系，剖析存在的问题，寻求政府债务管理与国库现金运作协调配合的对策，提高国库资金效率。

第七章——国库现金管理与央行货币政策管理的协调配合（上）——国库现金管理模式对央行货币供给量的影响分析，该问题是新体制安排中最令人深思且影响决策的重大问题。本章从定性与定量两方面对国库现金管理与央行货币管理的协调配合问题进行研究。

第八章——国库现金管理与央行货币政策管理的协调配合（中）——国库现金管理中政府债务管理与央行货币政策管理的协调，着重探讨短期国债与央行票据的替代问题。

第九章——国库现金管理与央行货币政策管理的协调配合（下）——国库现金管理与央行货币政策管理协调配合的制度安排，借鉴国际上的国库现金管理实践，提出我国国库现金管理与央行货币政策管理协调配合的相关制度建设的建议。

第十章——结束语，总结所做的研究工作结论，指出创新点及需要进一步研究的问题。

绪论：研究背景、目标、现状

体制创新的理论基础

公共财政理论

现代财务理论

制度创新理论

国库现金管理创新的主要内容

国库现金流量评析及目标余额的测定

国库现金管理与其他宏观政策的协调

库底资金运作与金融市场投资选择

债务管理的协调配合国库现金管理与政府

国库现金管理模式对央行货币供给量的影响分析

国库现金管理中政府债务管理与央行货币管理的协调

国库现金管理与央行货币政策管理协调的制度安排

货币政策管理的协调配合国库现金管理与央行

结束语：结论、创新点、待研究问题

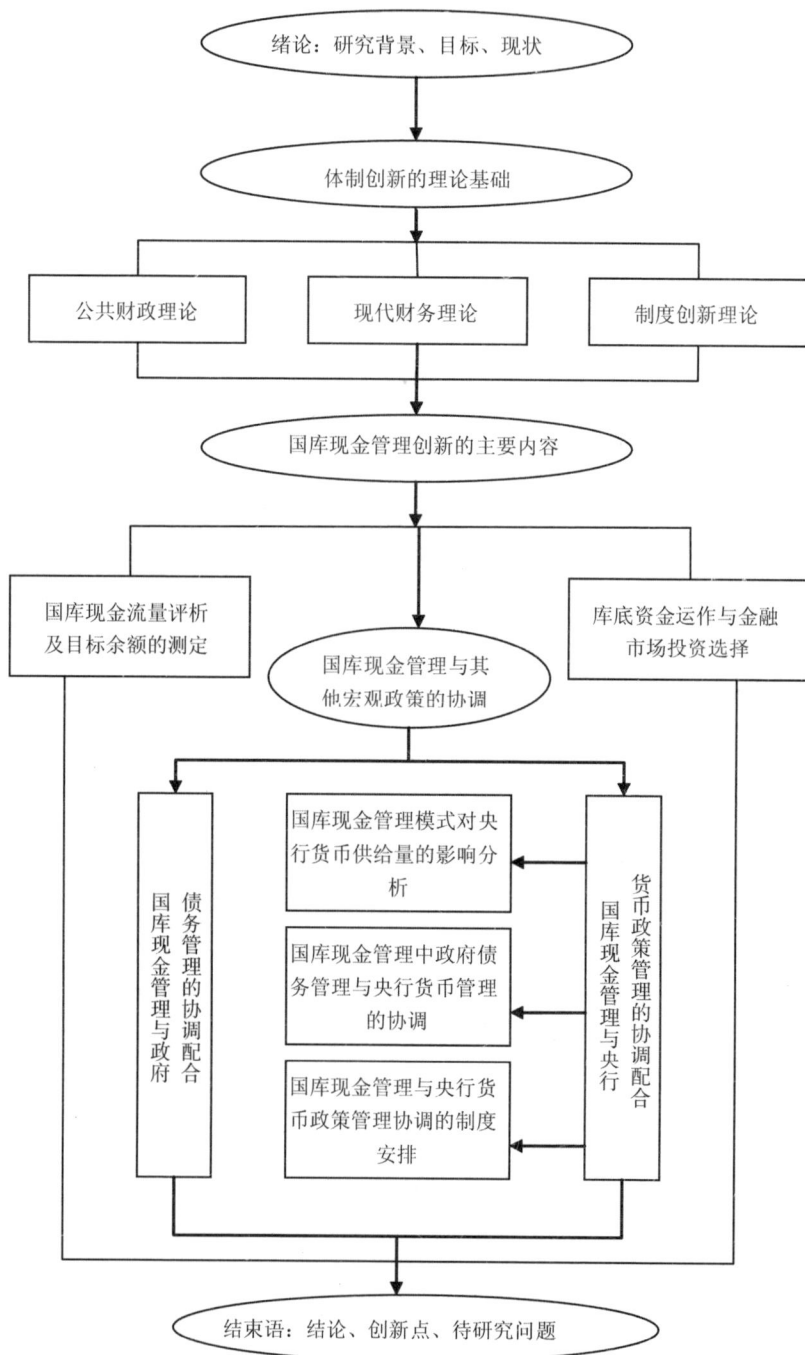

图 1.1　研究思路框架图

第二章

国库现金管理体制创新的理论基础

国库现金管理体制创新其实是公共财政管理理念与模式的转变与革新，必将涉及一些基本的理论问题。只有在正确、明晰的理论指导下改革实践才有可能获得成功。因此，本章将通过梳理公共财政与国库现金管理、资金的时间价值与国库现金管理、国库现金管理与制度创新等几方面关系，来为国库现金管理体制创新寻求理论依据，也为后文的展开搭建一个分析框架。

2.1 公共财政与国库现金管理

2.1.1 公共财政以及我国财政公共化改革

（1）公共财政本质及其特征

首先，公共财政本质上是适应市场经济的财政模式，也是中国财政改革的目标模式。但是，关于公共财政的概念却存在不同认识，公共财政是英文"Public Finance"的直译。在我国其经济意义主要是指张馨提出的观点，即公共财政是适应市场经济的财政模式，为市场提供一视同仁的服务，是弥补市场失灵的非盈利性财政。该观点已得到较为广泛的认同。张馨认为公共财政区别于其他类型财政的根本特征是"公共性"[20]。但是，赵志耘和郭庆旺认为"公共财政"所对应的是自由资本主义时期的财政，而"公共经济"才是对现代财政的概括，因此对"公共财政"概念提出了质疑，他们一方面认为"公共财政"的提法是一种"倒退"，是要退回到 18 世纪的自由市场经济中去，另一方面又认为在中国刚刚走向社会主义市场经济体制的情况下，需要有一种标准来界定政府的经济职能，以"公共财政论"作为一种标准无可厚非[21]。其实，对于"公共经济学"能否准确概括现代财政学的内容，马斯格雷夫（Musgrave 1994）曾作过分析[22]。他认为"public finance"因为侧重"finance"（融资）显得有点狭窄，但"public economics"又过于宽泛，因此，为避免歧义，最好采用"fiscal economics"（财政经济学）来概括现代财政学。由此可见，马斯格雷夫所说的是学科名称问题。中国目前实践所要解决的是与市场经济相适应的财政与以前的财政有何不同的问题。实际上，"公共财政"这一词语在中国的演变已经有了新的含义，即它是区别于计划经济的、适应现代市场经济的财政模式。"公共财政的基本特征是公共性，财政作为政府的活动，在市场经济下直接涉及的根本问题是如何处理政府与市场的关系问题，是如何约束和规范政府及其财政活动，使之适应市场经济的根本要求。建立公共财政制度，就是要以'公共性'作为根本准则，去约束和规范政府与财政行为，去处理它们与市场的关系"①。

其次，公共财政制度具有差异性。公共财政存在的核心任务是提供公共产品，但各国公共产品的需求和供给受到多种因素的影响，这些不同因素决定了各国公共财政制度的差异。公共财政是根植于市场经济背景之中的财政，各国市场经济形成背景不同，运作机理存在差异，由此形成了不同类型的市场经济。市场经济可以分为传统市场经济和现代市场经济，可以分为好的市场经济和坏的市场经济[23]（钱颖一，2000）。传统市场经济经营规模小，经济实体之间的交易多为现货市场交易，执行主要靠交易各方的声誉，传统市场经济中的政府（或国家）不受制度的约束。这样，传统市场经济在许多情形中本来不需要政府的干预，但不受制度约束的政府可能越界对各经济主体及其交易行为带来负面影响。现代市场经济中，虽然现货交易和人格化交易依然存在，但"非人格化交易"已成为重要的交易方式，政府对经济的干预行为受到制度约束。这样，现代市场经济中，由于交易方式的变化，对政府有效地监督合同执行的要求增加，同时，议会监督政府的作用增强，新型的适应现代市场经济需要的公共财政也应运而生。坏的市场经济是指国家（政府）与经济主体（企业与个人）关系的定位不对，政府会越权干预经济主体的行为。好的市场经济则可以较好地解决政府与经济主体关系的定位问题。当然，好的市场经济不可能是完美的市场经济，但建立好的市场经济是各国经济稳定增长和社会福利提高的必由之路。构建公共财政就是要建立好的市场经济。因为公共财政是相对适应于市场经济的财政模式，是弥补市场缺陷、纠正市场失灵的财政。在公共财政体制下，政府与市场的关系有较明确的界定，政府对经济的干预受到公

---

① 张馨：《财政公共化政策》[M]，北京：中国财政经济出版社，2004年7月第39页。

共财政制度的制约。

当然，同是市场经济国家，具体财政制度可能不同，同一国家不同时期的财政制度也会不同。不同的公共财政是基于不同的市场经济背景的。因此，财政制度应与市场经济发展要求相适应。

（2）经济转轨与我国财政公共化改革

众所周知，中国经济体制正经历着计划经济向市场经济的转轨。在党的十四届三中全会之前，中国一直推行的是计划经济体制，政府是社会经济中的主宰，社会经济生活的方方面面都受政府掌控与干预。在党的十四大确立了发展有中国特色的社会主义市场经济的目标之后，中国经济体制包括财政体制就需要进行翻天覆地的改革。因为在市场经济中，市场是资源配置的基础，应该让市场机制在资源配置中发挥基础性作用。政府、企业和个人应各司其职，政府应尊重企业作为独立的经济实体的要求，同时也要尊重个人的权利，促进要素市场的形成发展，进而促进资源的合理配置，实现社会福利的最大化。因而，计划经济向市场经济转轨的实质就是将政府全面配置资源的经济模式改变为以市场机制为主配置，这就要求转变政府职能，将政府的活动范围限定在市场失灵的领域。政府主要负责提供公共品和服务，调节收入分配，实现社会公平，调控宏观经济减轻经济周期性波动的振荡和损失。从财政制度讲，这就要求构建公共财政框架。虽然构建公共财政框架目标的正式提出是 1998 年，但在此之前的 20 年我国财政经济体制改革早就启动了，并且是不自觉和自觉地朝着公共化方向变革。我国财政的公共化改革过程大体经历了三大阶段[24]：

①1978—1992 年为第一阶段，这是自发的公共化阶段，是在整个经济体制大改革的推动下进行的改革。其基本特征是国家财政对国有企业和地方政府放权让利，实行利改税和"分灶吃饭"的财政体制，这是中国财政公共化改革的第一步。在旧体制下，财政对国有企业实行统收统支，中央财政对地方财政也统收统支。改革之后，打破了统收统支制度，国有企业和地方政府皆有了一定的经济权利，原来浑然一体的政府计划经济体系向中央财政、地方财政和国有企业三元并立格局初步迈进。尽管这段时期中央计划和国家财政在社会经济生活中仍占主导地位，但财政公共化改革的步伐已经迈出，并且具有不可逆转之势。但当时的改革是自发的公共化改革，财政是无意识地朝公共化方向改革。

②第二阶段 1993—1998 年是自为的公共化改革阶段，是在整个国家经济体制改革已经明确了市场化方向的背景下进行的。主要内容是建立新的财政机

制和现代企业制度。在中央与地方财政关系上实行了分税制，在预算管理方面确立了复式预算，规范财政收支，逐渐与国际接轨，在政府与企业关系方面，通过现代企业制度的建立来解决政企不分的问题。可见，这段时期的财政制度改革是有意识地按照市场化要求进行的，但仍然没有明确地意识到改革的公共化实质。

③1999 年至今的第三阶段，这是自觉公共化改革阶段。这是在明确建立公共财政框架目标之后，有意识地建立公共财政制度的改革。主要内容是政府机构改革，财政管理制度改革。1998 年开始的机构改革，是按照社会主义市场经济要求，转变政府职能、实现政企分开，把政府职能切实转变到宏观调控、社会管理和公共服务上。通过这次改革，政府与市场的关系得到了重大调整，政府的职能由过去什么都管向只管诸如宏观调控，产业政策、基础设施整治和公共服务等市场不能做或做不好的事情。在财政管理制度方面朝着规范、透明、方法现代化的方向改革。通过这些改革，我国财政不断加快了公共化步伐，不断加深了财政制度的公共化程度，并初步建立了公共财政的基本框架。公共财政框架又可以细化为公共财政功能框架和公共财政管理框架两个部分①（楼继伟 2002）：其中公共财政功能框架的建设任务是征集财政收入，保证政府提供公共服务支出需要的资金；公共财政管理框架的任务是用公共管理的办法管理财政，确保财政资金使用的公平、公开、受监督和有效益。国库现金管理是公共财政管理框架建设的重要任务与核心内容之一。

2.1.2 创新国库现金管理体制是公共财政的本质要求

（1）国库现金管理及其目标与职能

首先，关于国库现金管理的定义目前还不十分统一。英国财政部债务管理局前任总裁迈克·威廉姆斯（Mike. Williams）和美国财政部金融管理局前任局长保罗·马尔维（Paul. Malvey）认为，国库现金管理是指有效地管理政府内部及政府与其他部门之间的短期现金流和现金头寸的战略及相关过程。它主要包括了以下四个方面的内容②：①国库现金管理是对政府国库短期现金流入、现金流出和现金头寸管理；②国库现金管理本质上是一种成本效益性的管理；③国库现金管理应该包括能够提高政府国库现金收支和头寸管理效率的政

---

① 楼继伟：《关于公共财政改革》，2000 年 6 月 26 日在财政干部培训班上的讲话。

② Mike Williamson, paul. Malvey. "发展中国的国债市场—政府现金管理" 国际专家咨询报告 [C]．2003 年 10 月．

府内部和政府与其他部门之间的激励性制度安排；④国库现金管理是财政发展战略的一个有效组成部分，且涉及财政管理的相关过程。可见，该定义强调国库现金管理是一种制度安排，将国库现金管理提高到财政发展战略的高度来认识。

世界银行经济学家克莱门特·德瓦拉认为，国库现金管理是政府为了确保最有效地使用国库闲置现金并获得最大投资收益的全部行为，特别是需要对从国库现金收入的获得时间到国库现金支出和清算时间的全部过程实施有效的管理，以熨平短期内国库现金收入流和支出流在时间和数量上的不匹配[25]。这个概念更加关注政府国库现金收支在时间和数量上相互匹配的管理活动全过程，但未涉及影响国库现金流的制度安排，也未将其作为财政发展战略的组成部分。同时，更加强调最大化国库现金头寸的投资收益，而不仅仅是"有效地管理"。

受国外两种定义影响，我国学术界对国库现金管理的定义也有分歧，最具代表性的定义有如下几种：一是贾康等在《国库管理体制改革及国库现金管理研究》报告中提出的"国库现金管理是指在确保国库现金支出需要的前提下，实现国库闲置现金余额最小化，投资收益最大化的一系列财政资金管理活动"①。二是程丹峰在《关于中国国库现金管理的几个基本问题》中提出的国库现金管理概念有广义和狭义之分[26]。广义的国库现金管理是指按照安全性、流动性、收益性的原则，充分协调财政政策和货币政策目标，有效地管理财政部门内部和财政部门与其他部门之间涉及短期国库现金流和现金头寸的一系列财政管理活动。狭义的国库现金管理仅仅是指按照安全性、流动性、收益性的原则，通过金融市场投资用以协调财政政策和货币政策目标，有效管理国库现金头寸的财政管理活动。

其实，这两种定义并无本质区别，不同的是概念的外延大小不同，贾康的定义更偏重于狭义的国库现金管理，而程丹峰是将国外专家的定义进行综合，概括出广义和狭义的国库现金管理的定义。国库现金管理概念对于研究问题具有重要意义。对于财政部门来讲，可能更偏重于狭义的国库现金管理，主要目的是提高国库资金效益，而对于国家宏观层面来讲，就必须重视广义的国库现金管理，应将国库现金管理纳入财政发展战略、协调财政政策与货币政策目标

---

① 贾康、阎坤、周雪飞：《国库管理体制改革及国库现金管理研究》[J]，《管理世界》，2003 年第 6 期，第 15—25 页。

的高度来认识，不仅认真研究如何搞好国库现金管理，提高政府资金的效率，而且更要探寻国库资金运动与社会资金运动之间的关系，处理好财政政策与货币政策调控之间的协调配合关系。

马洪范专题研究了国库现金管理的概念，其得出的结论是：①国库现金管理是市场经济发展到一定阶段的必然产物，是政府职能不断深化与拓展的结果，是在出现现代意义上的国库之后得以发生、发展起来的。它集中了先进理念、技术与市场等多方面要素，以政府、市场之间的合理分工为基点，借助国内外金融市场，并充分利用先进的信息技术，在公共财政管理框架内展开，是财政管理现代化的重要标志。②国库现金管理的内涵极其丰富，一方面要全面地把握国库收支的全貌，科学、合理地确定国库最佳现金持有量；另一方面要及时、安全地将盈余现金用于投资获益，方便、快捷地以最低成本的方式在现金出现不足时借入资金。其目标在于既满足政府日常的现金需要，又能最大限度地降低利息成本与机会成本，同时还要尽可能地提高资金效益。③从概念上讲，国库现金管理是以财政部门为管理主体，以认可货币的时间价值和现金的机会成本为基础，以国库现金余额的集中为前提，通过详细记录政府收支、科学预测政府现金流入与流出、编制详细可行的用款计划，统筹国库收入与支出、运用与筹措，从而确保财政资金安全、规范与有效的管理活动，它是预算执行阶段的重要内容，其本质是预算编制完成后全面、有效地控制财政收支的主要手段。④在国库现金管理中，安全性、流动性和盈利性具有不同的地位与作用。首先要保证国库现金的安全性，其次要保证较高的流动性，最后是尽可能地争取盈利性。政府没有追求最大利润的可能性及内在动机，但应讲求效益与最大限度地降低成本。在日常管理与具体操作中，保证国库现金的流动性，是国库现金管理的核心与化解"三性"矛盾的焦点。从这个角度考虑，国库现金管理不应片面地理解为资产管理或者负债管理，而应采用平衡的资产－负债管理策略[27]。

马洪范关于国库现金管理的本质与内涵的描述是深刻的，但就外延看还是偏重狭义的概念，即主要以提高财政管理水平及财政资金效益为目标，与贾康的定义相近，而阐述更深入、具体，对国库现金管理制度的改革与创新具有特别重要的意义。

目前学术界对国库现金管理还有另一种称谓——政府现金管理。因为财政是政府部门的管家、理财者，财政资金即政府资金，在未使用之前存放在国库即为国库资金。其实，不论是国库现金管理还是政府现金管理，其对象都是政府的库存现金、活期存款和与现金等价的短期流动金融资产。因而，国库现金管理即是政府现金管理，两个名词是同一概念，不加区别。

其次，关于国库现金管理目标和职能等问题的理解，目前国外财政界虽还存在一些差异，但已形成较为一致的共识：即国库现金管理是通过合理使用政府资金资源，以最佳的方式利用国库现金与交易变现资源，优化政府财务状况，提高预算执行系统效率的管理活动。其目的在于控制支出总额，有效实施预算，使政府借款成本最小化，使政府储蓄和投资的回报最大化，实现财政政策与货币政策之间的协调，从而使政府及其公共组织受益。具体分析，国库现金管理的基本目标在于：①确保在适当的时间和适当的地点拥有适应的资金，有效地控制政府预算收支、高效地执行预算、保障政府在到期支付时履行职责，即高效地管理政府短期现金流，实现国库现金流入和流出在时间上的匹配；②在确保国库能及时取得需要资金的同时，尽量缩小政府在银行系统闲置现金余额规模，以节约成本和降低风险，对国库现金的闲置余额实施成本效益性管理；③促进本国短期债务管理和债券市场发展，减少政府对货币市场流动性短期变化的影响，在集合财政政策和货币政策目标条件下，争取做到最小化债务成本和最大化资源配置效益[28]。

根据广义的国库现金管理定义，国库现金管理的职能作用主要体现在提高资源配置效率和促进经济稳定发展两个方面。①从资源配置角度看，一方面在单一账户体系基础上，对财政收支的有效管理，能够增强国库现金收入与现金支出在时间上和数量上的相互匹配程度，减少预算单位的账户余额，避免财政资金在支付中间环节的层层滞留，它不仅保证各项公共支出的及时、足额到位，还提高了财政支出的透明度，使财政资源的配置目标得以有效执行。另一方面，准确的国库现金流预测为一定时期现金头寸最小化目标的实现提供了可能，从而最大程度地减少了国库闲置现金余额。同时，通过对公共支出的成本效益分析，利用债务管理等金融市场进行国库现金头寸管理，可以降低债务成本，提高国库现金收益，为满足社会公共需要的财政支出提供了新的资金来源，即保证了公共资金最大限度地发挥效益，又提高了国库现金资源的配置效率。②从经济稳定发展角度看，由于国库现金管理处于财政管理与货币管理结合部位，国库现金管理有可能成为协调财政政策与货币政策关系，提高宏观调控政策有效性的重要手段，具体表现为：一方面国库现金流的准确预测和有效管理能够减少中央银行货币波动的不确定性，提高中央银行货币供给的稳定性；另一方面，通过中央财政与中央银行的有效衔接，中央财政可以利用国库现金头寸的货币市场操作，配合中央银行的公开市场操作，提高中央银行稳定货币市场的能力，抵御恶意资金对货币市场的冲击。

（2）公共财政要求加强国库现金管理

第一，积极管理国库现金是公共财政追求效率的客观要求。公共财政就是在市场配置资源的基础上政府针对市场缺陷提供公共产品和服务，消除外部效应，公平社会分配和熨平经济波动，实现全社会资源的优化配置，满足社会公共需要。作为公共财政管理框架重要组成部分的政府（国库）现金管理，侧重国库现金流量的调节控制和国库闲置现金余额的积极管理——投资运作，与税收、公债等共同构成财政范畴。因此，公共财政理论就为国库现金管理提供了科学的理论依据。公共财政理论事实上回答了为什么要加强国库现金管理的理论问题。首先，公共财政是市场经济条件下政府的经济活动，在市场经济条件下，以政府为主体的经济活动与私人经济活动是有区别的，根本上讲就是公共财政的运行具有民主性、公共性的特征。这个特征决定了公共财政的运行应具有规范和透明的基本要求。因为相对于财政收入的提供者来说，财政资金是公共的，政府是受社会公众的委托，出于社会公众的公共利益和长远利益，从社会公众手中集中一部分公共资源，为公众提供安全、公共秩序、公共教育、公共设施等公共产品，因而公共财政的资金运行就必须规范透明。国库现金管理制度作为公共财政的一部分，特别是作为政府预算执行制度的主要内容，就是要使政府的经济活动置于公众满意的基础上进行，以保障整个社会真正以法律规范的形式进行活动。公众追求社会福利最大化，要使公众对政府经济活动达到满意，公共资源即财政资金的配置效率就应达到最大化。因此，加强国库现金管理就不仅是在管理上要求有利于加强监督和约束，更主要的是有利于提高财政资金的运行效率。其次，现代公共财政本质上是一种效率财政，公共财政应追求效率。能否建立有效率的政府和财政是公共财政建设成败的关键[29]。因为，"效率政府"和"效率财政"是上层建筑适应市场经济的客观要求。政府管理的模式属于上层建筑，上层建筑必须适应经济基础的要求，否则会阻碍经济发展。市场经济是一种效率经济，我国经济基础的市场化，必然要求建设高效率的政府和财政。市场经济下的国库现金管理制度作为控制政府行为的工具和政府购买公共产品的一种方式，也要求提高办事效率，以确保市场经济的顺利发展。因此，"效率财政"反映了市场经济要求，加强国库现金管理即是该本质要求的具体体现。我国的公共财政改革必须朝着"效率财政"的目标努力，既要合理运用财政资金，追求财政资金的最高使用效率，又要提高政府部门本身的效率，实行一种有效率的财政管理制度，最终提高公共资源的配置效率。现金管理是指一个组织（如企业或政府）的财务部门通过现金和现金等价物之间的转换，使现金保持一个相对稳定的数额，既满足该组织正常的资金需要，同时又不丧失投资获利的可能性，还应避免现金短缺可能带来的损失。国库现金管理是建立在重视货币的时间价值与现金的机会成本的理念基础之上的。任何一个组织为履行其职能，需要持有充足的现金或其资产能及时顺利地转换为现金，否则将会使其陷入危机或困境之中。但是，现金本身是一种资源，它有成本，有价值，也有贬值风险。因此，积极进行国库现金管理，追求国库资金的货币时间价值，减少国库资金的机会成本损失是公共财政追求效率的客观要求。

在市场经济环境中、公共财政框架下，之所以存在加强国库现金管理问题，是因为政府预算执行过程中，各项预算，收支项目自身固有的进度不平衡规律导致国库收入和支出现金流不能完全匹配，加上预算实际执行数和计划数经常存在差异，当出现超收、减支、收入入库进度快于计划或支出进度滞后于计划等情况时，就会出现国库现金余额，如果不加强国库现金管理、预测、控制、调节国库现金流量，并对国库现金余额进行投资运作，这笔现金余额就会成为闲置资金。国库现金管理的基本目标就是在保证预算收支计划前提下使国库现金闲置余额趋于最小规模；相反，当减收、增支、收入入库进度滞后于计划或支出进度快于计划时，国库中的闲置现金余额就会减少直到出现资金缺口。通过国库现金管理运作，可以及时以最低成本筹得资金，弥合缺口。可见，加强国库现金管理，一方面可以减少闲置现金与弥合财政（国库）资金缺口，最大可能地提高国库现金使用效率，为公共利益最大化服务；另一方面，对库底闲置现金余额在保证安全性前提下的运作（短期金融）投资，目的在于追求国库资金最大化增值，是提高国库现金使用效益和追求公共利益最大化的途径。

第二，国库现金管理对提高财政效率及社会总福利具有重要作用与意义。通过规范有效的国库现金管理，能够控制政府借债数量、降低借债成本，提高国库整体管理水平、促进国内金融市场发展、并提升财政、货币政策协调机制和社会总福利[30]。首先，高效的国库现金管理既可以保证国库及时支付，又可以减少大量资金闲置，有利于提高国库资金使用效率，控制财政支出增长和债务增长。国库现金管理可以使一部分中期国债被短期国债或其他融资方式替代，从而减少政府债务余额和利息支出，降低年度借债净规模。其次，国库现金管理可以降低借债成本。一方面发展规范的国库现金管理可以减少市场利率波动和提高市场流动性，并降低国债发行成本，另一方面，通过国库现金管理运作，国库闲置现金可以实现投资收益，从而冲抵部分国债发行成本。其三，可以提高国库管理整体水平。将资金时间价值，现金流和资产负债管理等现代财务管理概念引入国库管理中，有利于加速国库管理体系的现代化建设，促进国库内部机构设置、运行机制和信息系统等方面的合理化、提升效率水平。其四，促进国内金融市场的发展，国库现金管理不仅将部分财政资金纳入市场化运作，增加国内金融市场的广度，推进全社会资金的统一有效配置，而且能为市场提供权威示范、促进金融市场创新，增加金融市场深度和层次，成熟和发达的国库现金运作成为一国金融市场发达程度的重要标志。其五，通过国库现金管理运作，可以进一步改进财政部和中央银行在货币市场运行方面的沟通与协调，促进财政政策与货币政策的配合，进而提高财政货币政策调控的完整性与灵活有效性。因为有效的国库现金管理不仅最大限度地减少了国库现金头寸，还能使财政部门以市场参与者身份通过市场操作特别是在稳定的债务发行计划基础上有效地运用货币市场债务管理工具，消除国库现金头寸波动对基础货币供给的影响，减少对货币市场的冲击，配合中央银行货币政策目标的有效实现。因此，规范的国库现金管理还包含财政与中央银行政策协调机制的提升。最后，国库现金余额的投资运作，可以使必然出现的那部分暂歇性资金最大化地增值，进而有利于增进社会总福利。

2.2　资金的时间价值与国库现金管理

2.2.1 加强国库现金管理是追求资金时间价值的客观要求

资金的时间价值（Time Value of Money）亦称为货币的时间价值，是指货币由于时间的推移而产生的货币增值。货币的价值会受到时间的影响，今天的一元钱可用来投资，并预期会获得收入，其价值因此而增加；明天的一元钱由于延误了投资及预期产生收入的时间，其价值就会低于今天的一元钱[31]。悉尼·霍默（Sidney Homer）在《利率的历史》一书中举例说，假如将1000美元按8%的年利率投资，400年后，这笔钱将变成23×1024美元。这简单直观地显示了货币在400年后将是惊人的数倍增值了。货币为什么会产生增值呢，马克思回答了这个问题。他在《资本论》中分析了借贷资本家之所以获得了货币增值，是因为他把货币借给了产业资本家并最终投入了生产经营过程，而他所得到的货币增值只是生产经营过程新创造价值的一部分。总而言之，货币的时间价值来源于生产经营。货币若不投入生产经营，只是处于闲置状态，推迟消费的时间再长，也不会产生增值[32]。企业经营活动中的财务管理必然考虑资金的时间价值与机会成本。在长期投资决策中，考虑货币时间价值的动态分析方法已经处于主要地位。无论是分析投资项目是否可行，还是分析比较投资项目经济上的优劣，都需要将投资项目的现金流出量和现金流入量按时间价值换算成现值，才能做出进一步的经济评价。对于现金的持有量决策，存在一个机会成本的计算问题。只有考虑货币的时间价值，正确地计算机会成本，才能正确地进行短期投资决策。

货币的时间价值理论同样适用于政府（国库）现金管理。任何政府都应持有充足的现金，或其资产能在较短的时间内转换成现金，以履行其支付义务，因而，国库中保持一个合理现金持有量是必需的。但现金本身就是一种资源，因此它有成本，也有价值。比如，借款需要支付利息，而将现金存入银行则可以获得利息。另外，由于受通货膨胀或汇率变动的影响，现金还面临着贬值的风险（利率风险和货币风险）。由于现金具有时间价值和机会成本，因此应该科学测定国库现金最佳持有量，如果不进行积极、科学的管理，任由国库现金超额闲置，就是忽视资金的时间价值，要付出资金机会成本。

2.2.2 发达市场经济国家国库现金管理的理论要点

政府现金管理职能是在 20 世纪 70 年代 OECD 国家出现严重财政压力的背景下提出来的，后来一直被视为政府财务管理的一个关键因素。几十年来，美国、英国等发达市场经济国家一直都在运行政府现金管理，而且已经形成了比较丰富的现金管理经验，并进行了一些理论总结。形成了较为系统的政府现金管理理论观点，并为其他国家政府预算改革提供了重要的理论依据。其理论要点可以归纳如下：

（1）国库管理不能只重视政府资金的控制，而应该重视政府的现金管理职能

在 20 世纪 70 年代以前，各国政府在预算管理方面并不关注政府现金管理问题，而只注重政府现金控制。也就是说，预算部门主要的任务是保证公共资金流向相应的支出部门和控制预算拨款的速度。一般来说，预算部门按照一季度或者一个月安排一次的方式，将预算资金拨付相应支出部门，这种资金发放制度被称为"时间切割"制度[33]。这种制度容易导致这样一种现象，即预算

部门将重点放在公共资金是否按预算进行拨付的问题上，支出部门将重点放在本部门是否得到相应的预算资金以及如何继续"要钱"的问题上，而资金使用效率问题，即资金是否得到有效利用、预算目标是否得到有效执行的问题却被搁置一边。由于忽视国库现金管理，只重视现金控制，结果是：第一，长期以来，政府部门或支出部门的责任传统地被限定在储存公共资金和满足纳税人需求方面，现金管理的好坏并不会给他们带来收益或者造成损失，所以他们并不关心公共资金的使用效率。而资金使用的无效率结果导致机会成本增加，这里的机会成本主要是指政府将一定的资金用于某种用途时，就失去了将其用于其他用途可能得到的最大价值。主要表现在两个方面：一是资金收支过程无效率，即普遍存在收入延迟、支出过早的情况，从而减少了政府可支配资金的数量，缩短了政府掌握和使用资金的时间，无形中增加了政府的机会成本；二是库存现金管理无效率，即传统政府部门或支出部门缺乏利用库存现金进行小风险投资的意识，也就是说它们主动放弃了"用钱生钱"的机会，最终导致这样的尴尬局面，除去合理库存余额数，政府部门拥有的闲置库存余额越多，机会成本越大[34]。第二，传统的政府会计系统强调对资金本身的管理，而忽视对资金使用效率的管理。也就是说，预算部门只关注资金是否按照预算安排拨付到相关支出机构，却并不关心支出机构是怎样运作资金实现预算目标的。然而，预算资金毕竟是稀缺资源，各支出部门无效率地使用最终会导致部门资金出现缺口。由于预算部门对资金流向的严格控制，支出部门发现从预算部门连续"要钱"的困难越来越大。为了弥补资金缺口，完成预算目标，它们往往会通过借款的方式来解决这一矛盾，其结果在无形中扩大了政府的借债规模，增加了政府的债务负担。第三，缺乏有效的监督系统，忽视支出部门权力和责任匹配的重要性。由于预算的重点被放在预算资金的分配方面，注重控制公共资金的流向和资金的使用方向，所以支出部门如何花钱的问题并未得到应有的关注。没有科学的考核制度和完善的监督机制，公共部门在预算执行过程中缺乏责任心，往往造成资金的花费并不能很好地符合预算拨款目标的情况。第四，现金控制被认为是控制支出的有效手段。在传统预算模式下，现金控制确实使政府支出得到了一定程度的限制，毕竟有效地控制支出部门的资金来源，在一定程度上能够约束资金滥用、误用等行为[35]。

然而，从20世纪70年代开始，美国政府逐渐对传统预算模式下的现金控制产生不满情绪。首先，现金控制不利于行政效率的提高。现金控制虽然能够约束预算领域内的腐败、资金滥用和误用行为，但因其过分限制支出部门的自主性和积极性，同时又忽视对其使用资金效率的审查，所以必然造成行政低效率。其次，现金控制不能实现收入和支出之间更大程度的平衡，以减少政府借款和支付利息的负担，因此也不能满足政府迫切需要减少财政压力的要求。于是，在 20 世纪 70 年代 OECD 国家出现严重财政压力的背景下，政府现金管理职能便顺理成章地被提了出来，几十年来，美国、英国等发达市场经济国家一直都在运行政府现金管理，而且已经形成了比较系统的现金管理理论。

（2）国库现金管理是公共财政管理的一个因素，涵盖公共资金的整个流动过程

为了更好地推动公共预算和财政管理改革，发达市场经济国家的公共预算和财政管理专家将货币的时间价值理论运用于政府（国库）现金管理研究，形成的理论要点如下：第一，现金管理作为公共财政管理的一个因素，是政府在预算执行阶段所能运用的一项重要技术性工具，它主要是通过对现金流入、流出量的调控维持合理库存余额，从而优化财务状况。良好的现金管理是政府有效投资管理和债务管理的基础，能够提高政府使用公共资金的效率，从而提升公众对政府行政能力的信任度。第二，现金管理涵盖公共资金的整个流动过程，内容丰富。从纳税人缴纳税款（或其他形式款项）开始，一直到公共部门为提供服务或商品的供应者付费为止，都属于政府现金管理的范围。因此，政府现金管理的过程中包括预测和控制现金流、管理国库单一账户、集中管理现金余额以及引入市场原则等内容。

（3）国库现金管理需要实行一种制度安排来实现

加强国库的现金管理职能，实施政府现金管理需要一种制度安排来紧密约束各级政府及其与其他经济部门之间的现金流动。其制度内容具体包括：第一，实行国库单一账户制度。管理国库单一账户是管理现金余额、预测和控制现金流的前提条件。国库单一账户制度将政府预算内、外收入集中在一个账户系统中，有利于规范收入收缴程序和支出拨付程序，可以有效避免预算外资金的不断膨胀，遏制腐败的滋生蔓延。第二，集中管理政府现金余额，维护合理库存现金。现金余额是指在某个时点上政府的收支差额，它代表政府在该时点能够支配的资金总量。维持合理的库存现金余额，既能为政府日常事务提供必要的资金，又有利于降低政府机会成本。由于现金流的上下波动，对库存现金的管理又依赖于对现金流的预测和控制。

（4）国库现金管理的重点是现金流量和现金余额的管理，需要与货币、债务政策协调

第一，现金流量管理主要是预测和控制现金流。现金流主要指政府收入流、支出流以及某个时点上政府所持有的收支余额。收支余额又称库存现金，主要指政府在任何时点上能够用于付款或投资的所有金额，包括现金和短期投资。由于政府每天的收入和支出并不完全相同，现金流必然出现波动，甚至经常出现规则或者不规则的高峰和低谷期。一般来说，现金管理就是要运用各种手段消除某个时点出现的巨额收入或巨额支出。因为大规模的收支变动会直接造成该国中央银行存款额的增加和社会上货币供应量的减少，进而会影响价格水平和国民经济稳定发展。为了尽量避免这类情况，现金管理者就需要提前做出预测。然而，预测需要往日现金流量的详细记录，这正是现金管理的另一内容。良好的现金管理可以为现金管理者提供较详细的现金流量表，现金管理者依据往年的现金流量表对当前和今后现金进行管理和预测。第二，现金余额管理主要基于对货币时间价值的考虑。这一点与引入市场原则密切相关，并主要体现在现金管理和投资管理的关系上。从财务管理的角度来讲，货币具有时间价值，由于各种因素的影响（如通货膨胀的影响），现金若不能在今日花出去而等待以后花出去，就不能充分体现其价值，甚至会造成损失。而投资管理的主要目的就是为了"用钱生钱"，现金管理中对库存余额的管理就是为投资管理做准备，当政府库存余额超出合理标准时，未将这些闲置资金投资便会造成政府失去增加收入的机会，增加机会成本[36]。第三，货币市场是现金管理和货币政策执行的中心，现金管理与货币政策有关，需要协调配合。现金余额的投资必然涉及货币市场，而货币市场是有效的以市场为基础媒介和通过减少债券和其他有价证券流动性风险的二级债券市场。其运行影响着银行部门流动性，因而加速了市场利率的可变性和有效的维持管理。好的现金管理和债务管理是对发展金融市场的最重要贡献。国库券有现金和债务管理功能，与货币政策运行有关，因此决定有关发行的量将需要与中央银行磋商，中央银行要在自己的倾向政策运行中考虑政府资金量的变动[37]。

2.3 国库现金管理改革与制度创新

2.3.1 制度创新理论简述

（1）制度的内涵与构成

什么是制度以及制度的构成一直是制度经济学家分析问题的起点。首先，关于制度的内涵，制度学派的先驱凡勃伦（Thorstein B Veblen）认为，制度是大多数人所共有的一些固定的思维习惯和行为准则、权力与财富原则。"制度必须随着环境刺激的变化而变化，因为就其性质而言，它就是对这类环境引起刺激发生反映的一种习惯方式。而这些制度的发展也是社会的发展。"[①] 制度学派另一先驱康芒斯（Commons，John Rogers）认为"制度"一词的定义不十分明确，但他还是从制度内的人类行为入手找到适用于一切属于制度范畴的一种普遍的原则，即制度是集体行动控制个体行动。而集体行动与所谓的制度密切相关，后者告诉个人能够应该必须做什么或是相反[38]。

在新制度经济学中，制度有着更丰富的内涵：制度通过向人们提供一个日常生活的结构来减少不确定性，制度为决定人们的相互关系而设定了制约，它确定和限制了人们的选择集合，人是现实制度中的人，人的任何社会活动离不开制度，什么事能做，什么事不能做，实际上是一个制度问题。制度提供了人们行动的信号，避免了由于人的有限理性和信息不对称所导致的社会混乱或低效率问题。

新制度学派代表人物诺斯（Douglass C. North）对制度这一范畴有过系统的分析。他指出："制度是一种社会的游戏规则，更规范地说，它们是决定人们的相互关系而人为设定的一些制约。制度构造了人们在政治、社会或经济方面发生交换的激励结构，制度变迁则决定了社会演进的方式，因此，它是理解历史变迁的关键。"[②] 这里有几点核心内容：第一，制度是一种限制，是一种对自由状态（原始状态）的限制；第二，制度提供了用于交换的激励结构。不同的制度提供不同的激励结构，而产生不同的经济绩效，产生相对较高的经济绩效的能力是一种制度得以存在并延续下去的原因；第三，制度会因环境因

---

① 凡勃伦：《有闲阶段论——关于制度的经济研究》[M]，北京：商务印书馆，1983 年，第 138—141 页。

② 黄少军、何华权：《政府经济学》[M]，北京：中国经济出版社，1998 年 2 月第 186—187 页。

素的变化产生变迁，它决定了社会演进的方式。简而言之，制度作为社会成员的游戏规则，规范并影响着人们的行为，向人们提供行动的信息，减少行动中的不确定因素和交易成本。这是制度的本质意义。

其次，关于制度的构成。制度的差异体现在规则的不同之上，制度提供的规则通常是由正式规则、非正式规则和实施机制构成。①正式规则。是指人们自觉发现并加以规范化的一系列规则，主要包括政治（及司法）规则、经济规则和合约，它是指确定生产、交换和分配基础的一整套政治、社会和法的基本规则。这些规则：从宪法到成文法和不成文法，再到明确的规则，最高到个别契约，它们共同约束着人们的行为。正式规则的主要特征在于其具有强制性。②非正式规则。是指人们的行为规范、行为状况和习俗，非正式规则来源于所流传下来的信息以及我们称之为文化的部分遗产。在非正式规则中意识形态处于核心地位。诺斯认为，人们通过意识形态了解了自己所处的环境，建立起一种指导行为的世界观。将制度划分为正式规则与非正式规则，其实是为了理论分析的方便。实际上，正式规则与非正式规则将对人们利益活动的影响是很难割开的。非正式规则的强制性有时需要借助正式规则贯彻和增进非正式规则的有效性，当然，有时新的正式规则也可能被用于修正或代替非正式规则。③实施机制。一国制度的有效性，不仅取决于该国正式规则和非正式规则完善与否，而且主要是看这个国家制度的实施机制是否健全。离开了实施机制，那么，任何制度尤其是正式规则就形同虚设。在通常情况下，正式规则或非正式规则总是与一定的实施机制相配合，或者，其本身就已经包含了相应的实施机制。制度的三个构成部分是相互依存、彼此结合的，并不是以完全独立的形态发生作用的，否则制度将难以发挥其应有的作用。

（2）制度变迁与制度创新

首先，制度变迁是指制度的替换与交易过程。诺斯认为制度虽然具有稳定性，但这种稳定性是相对的，从习俗、行为准则、行为规范到法律以及人们之间的合约、制度总是处于变迁之中。在制度变迁中还涉及两个相近的概念，制度创新与制度安排。制度创新可以被理解为一种效益更高的制度（"目标模式"）对另一种制度（"起点模式"）的替代过程；而制度安排是指支配经济单位之间可能合作与竞争方式的一种安排，是制度变迁中的微调。制度变迁、制度创新与制度安排三个概念，含义相近，但也有区别。制度安排着重于单个制度出现的操作性；制度创新着重于单个新制度的创立过程；制度变迁则着重于制度创新在历史上延展的意义。诺斯定义"变迁"为"制度创立、变更随着时间变化而被打破的方式"①。因此，"变迁"更多地意味着制度在历史发展过程中的变革。

其次，制度创新过程是在一定的现有制度环境中，来自于基层的创新动机通过一定的组织形式，借助于相应的手段以达到完成某种有利于增进集团收入的新的制度安排。诺斯制度变迁模型的基本假定是，如果预期的净收益超过预期的成本，一项制度就会创新。因为经济人希望得到一些旧有制度安排下不可能得到的利润。即诱使人们做出制度创新努力的因素就在于现有制度安排状态下无法获得的外部利润。也就是说，现有制度安排并未实现帕累托最优，那么帕累托改进可以在不损害其他人利益的前提下，增加个别社会成员的福利。这种帕累托改进在新制度经济学中指的就是制度的再安排或制度创新。

制度安排确定以后，利润的取得有时可以直接来源于新安排，有时则只源于新安排产生的新制度装置的使用，有时则间接地来源于新安排建立的次行动团体的活动。诺斯认为，一旦取得了利润，系统将恢复均衡。而均衡的打破又需要新的外部冲击。上述过程将在经济发展史上一再重演。能够打破制度均衡的外部冲击主要有三个方面：①由于外界出现了以前不曾有过的新条件，引起风险情况的变化，交易成本的下降，或者新的生产技术被采用，重新出现了潜在利益的机会，具备制度创新的可能；②现有制度出现了新的发明、产生了新的组织形式和经营管理方式等，使制度创新具有获取潜在利益的机会；③法律或政治情况、社会经济环境发生了变化，使某一个集团有可能获取新利润的机会，或者获得重新分配现有利润的机会。这三种情况都表明出现了可能的新的利益分配格局，旧的制度均衡在新的机会面前出现了不均衡。这导致现有制度均衡的破灭，并通过制度创新建立新的均衡来适应新情况的变化。

再次，制度变迁有两种主要模式。诺斯认为，制度变迁是一个在稳定中渐进的过程。"变迁一般是对构成制度框架的规则、准则和实施的组合所做的边际调整。"② 换言之，制度变迁就是从非均衡到均衡的制度结构的演变过程。制度均衡实际上就是既存的制度结构处在"帕累托最佳状态"之中，即现有制度安排的任何改变都不能给经济中的任何个人或任何团体带来额外的收入。人们对既定制度安排和制度结构处于一种满意的状态，无意也无力去改变现行

---

① 诺斯：《经济史中的结构与变迁》[M]，上海：上海三联书店，1994 年版第 225 页。
② 诺斯：《制度、制度变迁与经济绩效》[M]，上海：上海三联书店，1994 年版第 111 页。

制度。但是这种均衡未必是永久的，因为一些外在事件能够衍生出制度创新的压力，打破制度均衡状态。

新制度经济学以制度变迁主体的差异为依据，把制度变迁分为诱致性制度变迁和强制性制度变迁两类具有代表性的模式。①诱致性制度变迁是指现行制度的变更或替代，由一个人或一群人在响应获利机会时自发倡导、组织和实行。诱致性制度变迁的许多特征都与其制度变迁的主体有关。诱致性制度变迁的主体是一群人或一个团体。而具有不同经验和结构中具有不同作用的人，对制度不均衡的程度和原因的认识也不同，因此，一套新的行为规则（或规范）要被接受和采用，个人之间就需要经过讨价还价的谈判并达成一致的意见（或一致同意）。谈判成本是诱致性制度变迁中至关重要的一个制约因素。谈判成本过高往往使一些诱致性制度变迁无法产生。诱致性制度变迁是否发生，主要取决于个别创新者的预期收益和预期成本的比较。正式制度安排和非正式制度安排对创新者的成本与收益的影响有很大的差异。这涉及到组织成本和谈判成本。其次，正式制度安排中还存在一个外部性和"搭便车"的问题。如果谈判成本过高，或者制度创新的收益并非为创新者占有，那么创新者就缺乏行为激励，这样，社会就会持续地出现制度短缺。因此，政府有必要采取行动来矫正制度供给的不足。②强制性制度变迁由政府命令和法律引入和实行，其主体是国家。国家在使用强制力时有很大的规模经济。作为垄断者，国家可以比竞争性组织以低得多的费用提供一定的制度性服务。国家在制度实施及其组织成本方面也有优势。凭借强制力国家在制度变迁中可以降低组织成本和实施成本。

"强制性制度变迁"理论是由中国学者林毅夫提出来的[39]。林毅夫认为，从某种现行制度安排转变到另一种不同制度安排的过程，是费用昂贵的过程，只有新制度安排的个人净收益超过制度变迁的费用，才会发生诱致性（自发的）制度变迁，更由于"搭便车"问题的存在，诱致性制度变迁往往是供给不足的。因此，政府必须矫正制度供给不足。林毅夫认为，经济增长时会出现制度不均衡。有些制度不均衡可以通过诱致性地创新来消除；而有些制度不均衡则由于私人和社会在收益、费用之间有分歧而不断存在下去。但是，如果统治者在强制推行制度变迁时预期收益高于预期费用，他将采取行动来消除制度不均衡。林毅夫在分析中将国家或政府等同于统治者，"统治者"这一概念的使用中仅指统治者个人或小集团。强制性制度变迁的有效性受许多因素的制约，其中主要有统治者的偏好和有限理性，意识形态刚性、官僚政治、集团利益冲突和社会科学知识的局限性、国家的生存危机等。国家经过努力可降低一些不利因素对制度变迁的影响，但并不能克服其他不利因素对制度变迁的约束。

诱致性变迁与预期性制度变迁有许多共同点，如两者都是对制度不均衡的反映，即由于某种原因现行制度不再是这个制度集合中最有效的一个，两者都要遵循成本——效益比较的原则，必须要有某些来自制度不均衡的获利机会等。然而，这两种制度变迁模式又存在重要差别。但也有人怀疑强制性制度变迁存在的可能性[40]。理由是一种制度安排的合意性应该从社会全体利益出发进行判断，满足统治者偏好的制度安排很难说将产生长期的影响。

2.3.2 我国国库现金管理创新的制度经济学分析[41]

（1）制度创新理论要点回顾

可以将上述制度创新的理论归纳如下：制度提供了人们行动的信号，避免了由于人的有限理性和信息不对称所导致的社会混乱或低效率问题，"制度是一种社会的游戏规则"；制度提供的规则通常是由正式规则、非正式规则和实施机制构成；制度均衡未必是永久的，因为一些外在事件能够衍生出制度创新的压力，打破制度均衡状态。能够打破制度均衡的外部冲击主要有三个方面：①由于外界出现了以前不曾有过的新条件，引起风险情况的变化，交易成本的下降，或者新的生产技术被采用，重新出现了潜在利益的机会，具备制度创新的可能；②现有制度出现了新的发明、产生了新的组织形式和经营管理方式等，使制度创新具有获取潜在利益的机会；③法律或政治情况、社会经济环境发生了变化，使某一个集团有可能取得获新利润的机会，或者获得重新分配现有利润的机会。这三种情况都表明出现了可能的新的利益分配格局，旧的制度均衡在新的机会面前出现了不均衡。这导致现有制度均衡的破灭，并通过制度创新建立新的均衡来适应新情况的变化。制度创新可以被理解为一种效益更高的制度（"目标模式"）对另一种制度（"起点模式"）的替代过程；制度创新过程是在一定的现有制度环境中，来自于基层的创新动机通过一定的组织形式，借助于相应的手段以达到完成某种有利于增进集团收入的新的制度安排，即现有制度安排并未实现帕累托最优，在新制度经济学中帕累托改进就是制度创新或制度的再安排；制度变迁就是从非均衡到均衡的制度结构的演变过程。另外，按林毅夫的观点制度变迁有诱致性制度变迁和强制性制度变迁两类具有代表性的模式。根据上述制度创新的理论精髓，对我国国库现金管理体制创新的经济学分析应该从国库现金管理体制创新的需求、供给与实施机制三个层面展开。

（2）国库现金管理制度创新的需求分析

国库管理制度是为了满足公共需求而建立的一种不可或缺的公共产品的供给制度，其主要是以提供资金资源的安排为主体，并以此为平台形成对财政资金使用的保证系统。国库制度所面临的环境分为市场环境和非市场环境。前者可作为影响国库制度变迁的外生因素来考虑，后者则是影响国库制度变迁的内生因素。当国库制度环境即外生因素发生变化时，国库制度的原有均衡被打破，国库管理制度的改革就势在必行，因此，改革国库现金管理体制是制度创新的要求。由前述制度创新的理论可知，当现有制度的环境发生变化，出现了潜在获利的机会，说明现行制度未能实现帕累托最优，存在着帕累托改进的机会。当某一个集团有可能取得新的获利机会，或者重新分配现有利润的机会，那么旧制度均衡就在新的机会面前出现了不均衡，那么制度创新就在所难免了。

我国现行国库现金管理体制（模式）是计划经济体制下形成的一种高度分散的现金管理模式，财政国库现金管理模式特征是极端分散，每个预算单位都在自己选择的银行开设存款账户，自己管理账户余额。这种管理模式使政府整体的现金余额被分散在众多的预算单位在商业银行开设的大量账户中，国家财政存放在人民银行的存款也没有利息所得，已经不适应市场经济发展公共财政的要求，需要改革与创新。2001 年我国部分省份开始试点国库集中支付改革，自 2003 年 1 月 1 日起对集中在中央银行的国库存款计付活期利息。该政策的实施，标志着我国的国库资金管理方式将发生根本性的变革，同时也为推行国库现金管理提供了政策依据。但从全国范围来看，我国国库现金管理模式目前正处于传统现金管理方式与现代国库现金管理方式的探索并存的过渡阶段，其基本特征是人民银行代理国库，国库管理者本身不是财政资金的所有者，财政部门的资金经营权力缺位，从而造成财政资金的被动管理；国库运行不规范，各地金库机构设置不统一，资金管理随意性大，不考虑财政资金的保值、增值；国库资金波动大，数千亿元的国库余额资金闲置，造成政府资金机会成本的巨大损失。

可见，公共财政体制的建立要求国库制度创新。在公共财政体制下，国库管理要为政府提供公共产品、克服市场失灵、满足社会公共需要、维护公共利益。在收入领域，通过制度创新，缩短收缴过程，各项财政收入直接入库、保证收入及时足额收纳；在支出领域，减少中间环节，提高支付效率，满足各项公共支出需要；在现金管理领域，合理安排预算收支，减少国债发行，降低政府筹资成本，因此，国库现金管理制度创新是市场经济条件下提高财政资金运行效率、治理腐败、维护社会公共利益客观需要。同时，在现代国库现金管理模式中，由于实行了国库集中支付制度，采取了统一的账户管理体系，财政收入实现就可以立即反映在国库统一账户上，国库资金在最终支付之前一直在财政部门的监控之下，国库资金不再被分成小块预先拨付给各预算单位，加强统一调配使用，可以大大提高财政资金的使用效率。因此，现代国库制度可以创造出原有国库制度所不具备的收益，这种制度创新符合公共利益和公众的需求。

简言之，我国国库现金管理制度所面临的内外部环境正在发生变化。首先，从外部环境因素看，我国正处于计划经济向市场经济转轨的深化阶段，我国市场经济体制框架基本建成；其次，从内部环境看，由市场经济决定的我国公共财政框架的建立和国库制度正在进行的集中收付制度改革实践已经打破了现行国库管理制度的均衡，庞大国库现金闲置余额的存在及其存在的潜在获利机会，亟须改革创新我国现行国库现金管理制度，否则任由大量国库现金余额闲置，极不符合公共财政提高公共资源配置效率和社会总福利水平的客观要求。

（3）国库现金管理体制创新的供给分析

政府是国库现金管理体制模式创新的供给者主体。改变国库现金管理模式是一次制度上的创新，能够实现原有国库制度体制下所不能实现的许多收益。有经济学家认为，按照现有制度安排，无法获得潜在的利益。行为者认识到，改变现有制度安排，使收入分配朝有利于自己不利于他人的方向改革；或者能够提高效率、产生新的生产机会[42]。但是，一个有效、能够带来外部经济效益的制度安排不一定就会得到实施。因为制度创新不仅取决需求方面，也要取决供给方面。从制度创新的供给者——政府来看，主要取决于政治秩序提供新制度安排的能力和意愿。有许多重要因素影响政治秩序提供新制度安排的能力和意愿，这些因素主要包括制度设计的成本、现有知识积累、实施新安排的预期成本、宪法秩序、现存制度安排、规范性行为准则、公众的意识和居于支配地位的上层强有力决策集团的预期净利益。就建立现代国库制度、创新国库现金管理模式而言，供给者不仅要分析创新国库现金制度的必要性，还要分析决定制度供给的设计成本、制度成本的分担、知识积累等影响制度创新的供给因素。虽然作为公共领域的国库制度是政府失灵的重要领域，当其外部环境（外生因素）发生变化后或新的技术工具出现后，其制度的修正是必然的。但国库制度供给是只有政府才能提供的唯一的垄断性供给制度，国库制度的安排主要取决于非市场环境因素的制约。

政府是否有创新国库现金管理制度的动力，取决这种制度创新的成本分析。这主要包括制度设计成本和实施成本。虽然制度创新中要制定法律法规，宣传贯彻新制度要耗费人力、物力和财力，实施执行新的制度进行人员培训也要消耗成本，但是国库现金管理制度改革的成本负担者和改革收益获取者同是代表社会公众的国家（政府），因此政府应该通过成本测算和实证分析来确定国库现金管理制度创新的收益是否必定大于成本。所以，在国库现金管理模式创新的研究中运用恰当的经济计量方法进行实证分析是必不可少的。

创新国库现金管理体制，能够实现原有国库管理制度下所不能实现的许多收益，但如前述分析，一个有效、能够带来新收益的新制度安排不会自动实现。从国库现金管理制度创新看，应该是诱致性制度变迁与强制性制度变迁混合类型。在我国深化市场经济体制改革，构建公共财政，实行国库集中收付制度后，首先是财政部门发现大量国库现金余额闲置，不符合公共财政要求提高公共资源配置效率的要求，如果将企业财务管理原则（精神）引入政府现金管理，由财政部门积极自主管理政府国库现金，将财政闲置余额集中并进行货币市场投资运作，会比由中央银行代理国库管理的制度取得更多的收益，于是提出改革原有由中央银行代理国库的制度。也就是说财政部门首先发现原有国库制度出现了不均衡，存在新的获利机会，诱致财政部门提出制度安排的要求。但一种新的制度安排由于会使一部分人得益，一部分人利益受损，利益受损者必然阻碍新的制度安排或制度创新，所以，按林毅夫的观点，诱致性制度变迁最终需要政府（统治者）强制推进。国家不能决定一个制度如何工作，但却有权决定什么样的制度存在，"没有政府一心一意的支持，社会上不会存在这样的制度安排（诱致性制度安排）"[1]，他引用穆勒的话认为国家在制度安排上的作用是无可替代的。因此，国库管理制度创新的供给者惟有政府。国库现金管理制度创新，实行积极的国库（政府）现金管理制度，需要国家政府制定政策法令、法规来推行，一方面尽量减少制度创新的阻力，另一方面通

---

[1] 财政部科研所课题组：《国库库底资金的运作管理》[J]，《中国财经信息资料》，2002 年第 2 期。

过合理法规制度来规范新制度执行者的行为，以防新制度执行中的额外效率损失。

（4）国库现金管理制度创新的实施机制分析

一国制度的有效性，不仅取决于该国正式规则和非正式规则完善与否，而且主要是看这个国家制度的实施机制是否健全。离开了实施机制，那么，任何制度尤其是正式规则就形同虚设。因此，国库现金管理制度创新还需要从实施机制层面来考虑。

首先，应当讨论的是国库现金管理创新、国库现金余额投资运作的可操作性问题。这就涉及如何看待现有法律制度对国库库底资金运作的限制。《中华人民共和国预算法实施条例》（1995）明确规定了国库预算资金的性质与用途，在第四章第四十三条明确规定："各级国库和有关银行不得占压财政部门拨付的预算资金"。这并不意味禁止财政部门为提高国库资金使用效率，将库底资金盘活，使库资金保值、增值的各种"有益"的"占压"，比如进行国库库底资金货币市场投资运作。因此可以认为，我国国库现金管理模式的创新不存在法律限制问题。当然，目前我国处于转轨时期，原先的一些法规制度滞后于改革现实，亟待修改完善。期望国家尽快出台健全、完善的法规体系，对国库资金投资的品种、方向、范围、时间、规模等方面做出严格的规定，以利于规范运作，切实防止违规操作，坚决杜绝违法行为，从根本上保证国库资金的高度集中、安全完整、保值增值和投资效益最大化。

其次，更应探讨国库现金管理体制改革与其他制度之间的协调配合问题，任何一种制度的改革和引进都需要和其他制度相兼容。国库现金管理制度的创新，从财政内部来讲，需要部门预算改革、政府采购制度改革、预算会计制度改革，以及银行国库管理制度的改革与其相配套；从外部看国库现金管理创新还需要与央行货币管理及其政策的协调配合，需要法规政策的协调与配合。同时，制度之间又是相互关联的，国库现金管理制度创新也必须与其他制度改革配套进行。因为，国库制度创新对整个国家来说是收益大于成本，但分担的成本在不同利益集团之间的分布是不均衡的，利益受损的利益集团就会采取各种形式和手段来抵制这种制度创新，尽力维护原有的利益格局，这将阻碍制度创新的实现。就国库现金管理制度改革而言，主要涉及财政与银行部门的利益关系，中央财政与地方财政的利益关系等问题。改革后的国库现金管理制度将会引起财政与银行、中央财政与地方财政之间什么样的利益冲突，如何防止这种冲突，以及减轻冲突可能导致的效率损失，降低改革成本，就成为国库现金管理制度改革与创新的研究中必须要讨论的问题。

2.4 小 结

中国经济市场化改革要求建立公共财政体系，国库现金管理是公共财政管理体系建设的重要任务与核心内容之一。国库现金管理本质上是一种成本效益性管理，是一种提高政府国库现金收支和头寸管理效率的政府内部和政府与其他部门之间的激励性制度安排。国库现金管理制度作为控制政府行为的工具，要求提高办事效率，提高公共资金的利用效益，因此，加强国库现金管理是公共财政的本质要求。加强国库现金管理也是追求政府资金时间价值的客观要求。发达市场经济国家将货币时间价值理论运用于政府（国库）现金管理研究，形成了较为系统的政府现金管理理论，为发展中国家国库制度改革提供了重要的理论依据。我国现行国库现金管理制度均衡已经被打破，亟须对其改革创新。政府作为国库现金管理体制模式创新的供给主体是否有创新国库现金管理制度的动力，取决这种制度创新的成本分析。所以，在国库现金管理模式创新的研究中须运用恰当的经济计量方法进行实证分析。创新国库现金管理体制还须研究实施机制层面的问题。因此，研究国库现金管理体制创新还须探讨和求解与其他制度之间的协调配合等问题。

第三章

我国新型国库现金管理体制的构建

在一般阐明国库现金管理体制创新的理论依据之后，接下来的任务就该具体探讨我国新型国库现金管理体制的构建问题。本章首先讨论我国国库现金管理体制创新的动因、可行性，介绍总结国外市场经济国家国库现金管理体制创新的经验，然后结合国情，提出我国新型国库现金管理模式的框架设想。

3.1 创新国库现金管理体制的动因

3.1.1 我国传统国库现金管理体制存在弊端

（1）我国国库现金管理体制的历史与现状

我国现行的国库现金管理模式是建立在传统国库管理体制基础之上的，传统体制下我国国库管理体制的主要特征是人民银行代理国库业务，财政部门一直没有设立独立的国库机构；国库资金分散收付，征收机关和预算单位多重设置账户。这种国库管理体制存在的问题有：①委托银行代理国库，弱化了财政管理职能。我国现行国库由人民银行代理，实际上已经超出了严格意义上的委托—代理关系，人民银行在很大程度上承担了国库业务的管理职责。银行代理国库，财政就不能全面、及时地掌握财政收支的具体情况，这种国库资金管理体制不适应市场经济条件下公共财政发展的要求。对于地方财政部门来说，因为财政资金存放在人民银行没有利息收入，所以在办理预算拨款时，只注重审查该项目是否属于预算支出计划，而对预算拨款的时间不作严格审查，导致部分项目资金拨款过快，挪用、流失现象。尽管从 2003 年 1 月 1 日起，我国实行对国库存款按中国人民银行规定的单位活期存款利率计付利息，但因利息率低，还是不能从根本上消除上述弊端。②预算单位多重设置账户，不利于财政有效管理和全面监督。长期以来，预算单位重复分散设置账户，少的达几个，多的达几十个。一个单位到底有几个账户，存了多少钱，预算单位领导也不清楚，财政部门无法掌握预算部门的资金状况。很多预算单位私设小金库，公款私存的违规现象禁而不止；二是在改革过程中，部分省财政部门成立了"会计核算中心"或"财务核算中心"，从表面看，好像取消了各预算单位在商业银行的支出账户，所有预算支出都通过"中心"办理拨付，但实际上这些"中心"又将其基本账户开设在商业银行，财政拨款先从国库拨到"中心"基本账户，再由"中心"直接向供应商支付款项，这些账户大多保持较高的日均余额，增加了国库资金风险。总之，重复和分散设置账户，导致财政收支活动透明度不高，大量预算外资金游离于预算管理之外，大量的财政资金流失和浪费，不利于财政实施有效管理和全面监督。③国库分散收缴与分散拨付，削弱了政府宏观调控经济的能力。传统分散收缴方式下，资金收缴的程序繁琐，财政收入入库周转环节多，速度慢，层层经收，逐层上解结算手续，造成资金在途时间过长，收入入库迟滞。收入执行中征管有漏洞、退库不规范、财政收入流失等问题时有发生。传统分散拨付方式下，支出部门的拨款申请只要符合支出预算，国库就将资金拨付到预算单位账户上，至于预算单位何时支付、支付到那里，是否符合预算规定，财政部门难以实现有效监督和控制。这种支付方式必然带来严重的后果：一是相当规模的财政资金滞留在预算单位，难免出现截留、挤占、挪用等问题，不仅降低了资金使用效率，也给腐败分子有可乘之机；二是资金划拨渠道不够畅通，拨款环节多、速度慢、有些财政资金不能及时到达预算单位账户，影响了各级预算单位或部门对资金的正常支用；三是大量国库资金闲置在拨款途中和预算单位的支出账户，政府实际可控的现金流量大为减少，削弱了政府宏观调控经济的能力。④财、税、库、行关系不协调。由于财、税、库、行在工作目标和利益追求上的出发点不同，在一定程度上造成部门之间的矛盾。一是财政、税务、国库、银行在对国库资金的核算分别以总预算会计、税收会计、国库会计、银行会计为基础，四者在会计基础、会计方法、会计信息系统等方面存在很大的差距，而且资金划拨环节多、手续繁杂，导致资金入库不及时，对账不相符，库款流失严重；二是制度口径不一致，引起部门之间的政策矛盾，国库监管运作有局限性，整体效能差；三是由于体制的互不隶属，各自为政，互存戒心，几个部门在具体工作中的关系很难协调[43]。

（2）现行国库现金管理体制存在的主要弊端

首先，银行代理国库现金管理，国库资金运行效率较低。2003 年之前，我国国库资金存放在中央银行，人民银行代理国库业务，不收取手续费。因为人民银行不仅代理中央国库业务，也代理地方金库业务，所以财政存放在人民银行的资金不计付利息，资金收益全部归人民银行所有，财政利益自然受到损害。这种国库资金管理方式带来的问题是：①在市场经济环境下，一些政府单位受经济利益的驱动，必然支持财政把国库资金套出金库，然后想办法使其增值。结果造成乱投资、乱存款、乱放贷、甚至有些被挪用、挤占，财政资金的风险加大。②地方政府有预算内资金账户和预算外资金账户，而预算外资金账户由地方政府自行管理，地方政府存放在自己的商业银行账户，同时获得利息收入。我国预算外资金账户资金数目巨大，国务院要求把一部分行政性收费和政府基金纳入预算管理，但是地方政府却不愿意配合，因为如果预算外资金部分纳入预算内管理，地方财政原来从预算外既得的那部分利息收入也随之消失。③人民银行分支机构为了从地方财政存款中获得更多无成本的利息收入，可能想方设法拖延财政的正常拨款，影响财政资金的使用效率。④对于地方财政部门来说，因为财政资金存在人民银行没有利息收入，所以在办理预算拨款时，只注重审查该项目是否属于预算支出计划，而对预算拨款的时间不做严格审查，导致部分项目资金拨款过快，被挪用、流失。

其次，国库现金管理机构设置不科学，财政无法有效发挥国库资金管理职能：①我国《中国人民银行法》规定，代理国库是央行的职责。由于人民银行代理国库，我国国库体系的重心一直在银行部门，中央银行负责管理预算执行过程中的现金营运。人民银行分支机构代理省级国库只是它的一项辅助业务，只是按财政部门的指令和程序处理收支，它不是财政资金的"管家"，而只是"出纳"。我国的财政是按政府级次设置的，一级政府一级财政，一级财政一级国库。但是自人民银行按区域设置大区行后，省会中心支行"一兼两职"，既要领导全省的国库工作，又担负本区中心支库工作，导致"一行两库"。有时人民银行的一个国库分支机构要同时承担几级财政的数层国库代理业务，容易混库、串库，影响财政资金正常收付。②财政部门无法有效发挥国库资金管理职能。财政是国民收入再分配部门，核算和监督财政资金是财政部门的本职，监督财政资金运转是否合规是财政部门不可推卸的责任。但是，由于现行的财政收支账户管理混乱，人民银行分支机构代理国库，作为国库实际管理者的财政部门不能全面、及时掌握财政收支的具体情况，财政部门的资金全局眼界和运作权利自然缺位，国库的监督职能往往难以有效落实，削弱了各级财政部门宏观调控能力和财政政策的实施力度。③商业银行占用预算单位财政资金。国库分散拨付体制下，国库资金拨付到预算单位账户后，大量财政资金闲置在预算单位在商业银行开设的多重账户上，这就给商业银行挤占、挪用国库资金创造了便利条件。随着我国市场经济的发展金融体制的改革，商业银行逐步变成自主经营、自负盈亏、自担风险的独立核算的经济实体，以追求利润最大化为经营目标，所以商业银行免不了受到利益驱动而违规使用国库资金[44]。

其三，缺乏国库现金流预测与监控系统。我国当前还没有及时、全面的现金流预测机制，往往是今天流入的钱明天就拨付出去，常常在有效资源配置和及时提供服务上付出相当大的成本。近年来，财政部门也开始加强预测能力工作，对年内的收支模式进行分析，要求各预算单位提供下个月及未来几个月的详细支出预测报告，但预算单位提供的预测报告往往是根据预算批准数额上报，而不是根据单位实际资金需求情况独立预测。而且财政部门利用这些预测报告也只是为了达到控制预算支出的目的，而不是预测现金流动。由于缺乏有效的实时监控体系，在现行财政资金支出运行程序下，财政部门将资金直接拨付到预算单位的账户上，至于各预算单位如何使用，什么时间使用资金，财政只能依赖各部门提供的财务报告进行事后审查监督，缺乏事前、事中监督。在现金流入和流出的全过程中，财政无法实行实时监控，因此也就无法准确的预测国库现金流动情况。总之，我国长期以来国库资金采取计划经济时期实拨资金方式，重支拨，轻效率，使国库现金在预算单位尚未发生支付行为前就流出国库，分散在各预算单位的开户银行。财政部门不能全面、及时掌握财政收支的具体情况，一方面可能出现国库可控现金不足，不得不依靠发行国债弥补国库收支缺口，而各预算单位资金充足，大量闲置在商业银行的账户上；另一方面，可能出现用款单位挤占，甚至挪用财政资金的现象，大大降低了国库现金的使用效率，与公共财政的要求相悖[45]。

其四，国库现金管理理念落后，缺乏商业精神。加强国库现金管理其实是将企业财务管理的理念与方法引入政府现金管理，是一种国际趋势。20 世纪 80 年代以来，美、英、法等发达市场经济国家就开始进行积极的国库现金管理，不仅形成了一套比较系统的政府现金管理体制，而且经过长期的探索与实践，已形成一套较系统的现代国库管理理念，如市场导向的理念、崇尚法制的理念、讲究效益的理念、追求效率的理念、系统控制的理念、规范守信的理念等。这些先进的管理理念成为政府和社会各方共同遵守的行为规范的基础，并以制度的形式贯穿于财政管理的方方面面。与国外相比，在国库现金管理上，我国已落后西方发达国家 20 多年的距离[46]。我国传统的国库现金管理模式与落后的管理理念密切相关，保证国库资金安全、不损失是我国长期以来国库资金管理的理念，完全忽略了资金时间价值和现金的机会成本。这种落后的管理理念已经不适应市场经济条件下公共财政的发展要求，在建立公共财政框架和改革传统国库管理体制过程中，必须变革和创新国库现金管理理念，树立与市场经济相适应的法制观念、市场观念、效益观念等等，从而全面改进和加强财政管理，引入商业理念管理国库资金，使国库资金保值增值。

2000 年财政部国库司和 2001 年财政部国库支付局的相继成立，2001 年 2 月 28 日国务院总理办公会议批准财政部、中国人民银行报送的《财政国库管理制度改革方案》，标志着我国国库管理制度改革掀开了新的一页。财政国库管理制度改革的主要内容是：建立国库单一账户体系，各类财政资金都纳入国库单一账户体系进行管理，收入直接缴入国库或财政专户；支出通过国库单一账户体系的有关账户直接支付到商品和劳务供应者或用款单位的银行账户。2001 年开始，在中央一级预算单位和四川、海南等部分省份开始试点国库集中收付制度（单一账户改革）。截至 2004 年 9 月，168 家中央一级预算中有 140 家纳入了支出支付改革试点，所属基层预算单位超过 2000 家，尚未纳入范围的 28 家也计划于是 2005 年进行改革。全国各地 5 个省（自治区、直辖市）和计划单列市财政部门分别在本级建立了国库机构，并已按照国务院同意的改革方案进行了支出支付和部分收入收缴的改革试点。从 2003 年开始，我国财政存款开始计收利息（指中央财政资金，试点单一账户省份的财政资金）。

实施国库集中收付管理模式可以解决传统管理模式所存在的部分弊端。总体上我国国库管理体制目前正处于传统管理模式向现代国库管理模式过渡的探索阶段。因此，现行国库现金管理体制仍存在问题，需要通过制度创新来解决。

3.1.2 国库现金余额持续增高凸现改革的迫切性

实行国库集中收付管理模式后，不仅有效解决传统分散式的国库现金管理模式所存在的部分弊端，同时也使国库现金余额大幅度增加。国库现金余额是指在实际操作中，国库资金并不是以均衡的速度流入、流出国库而导致国库流入和流出的现金流在时间上不完全匹配，当出现收入入库进度快于支出进度时，就出现国库现金余额。水利部是 2001 年财政部确立财政国库管理制度改革的试点部门，在推行国库单一账户改革后，该部各单位持有现金余额已经下降了50亿元人民币[47]。由此，如果把所有部门的情况汇总起来，将是一个庞大的数据。

表 3-1　2003 年全国部分省（市）国库集中支付试点情况对照表

省份	试点资金量（万元）	试点		直接支付		授权支付		国库闲置资金	
		部门	单位	笔	万元	笔	万元	万元	%
甘肃	49890	21	102		23400		20490	6000	13
陕西	70056	22	125	125	316	4838	41539	17774	25
云南	5200	26	187				4200		20
贵州	930			67	201	358	444.8	284.2	30
海南	50000	51	77		40000			10000	20
湖北	135600	10	123	543	6558.3	308	33708	95333	29
安徽	438600	省直部门和基层单位			162200		160700	115750	26
内蒙	57000	28	219		21000		31000	5000	8
四川	1450000	130			740000		680000	30000	2
福建	50765	3	86		6390		33782	10593	20

数据来源：陕西省财政厅国库处资料汇编2004年

分析表 3-1 可以得到：试点国库集中收付制度改革后的这十个省，国库沉淀资金比过去都有所增加，增加最多的是贵州省，达到 30%，增幅超过 20% 的有 7 个省，超过 10% 的两个省，小于 10% 只有两个。可见，如果国库集中收付制度在全国推行后，闲置在单一账户上的余额一定比过去大得多。同时，截至 2004 年年底，全国共有 35 个省（自治区、直辖市），168 个中央一级预算单位纳入国库集中收付改革范围，各预算单位分散持有的现金余额不复存在，这些现金余额都集中到国库单一账户中[48]。

通过以上分析，可以得到这样一个结论：我国试点国库集中支付制度后，国库现金余额规模越来越大。如果这些资金一直处于闲置状态，不仅造成经济效益的损失，而且会增加政府的成本、资金面临贬值等一系列市场风险。因此，我国国库现金管理体制改革与创新已经迫在眉睫。

3.2 国库现金管理体制创新的可行性

2002 年财政部与中国人民银行联合发布《国库存款计付利息管理办法》，决定从 2003 年 1 月 1 日起，对国库存款按中国人民银行规定的单位活期存款利率计付利息。国库存款计付利息制度的实施，改变了国库资金无偿管理的传统做法，是对传统国库资金管理模式的一次重大改革，这意味着我国国库现金管理改革正式起步。尤其国库集中收付制度的进一步完善，为国库现金管理体制改革奠定了基础，同时财政部首次以市场化方式用国库资金赎回国债，也象征着国库现金管理体制改革开始起动。

3.2.1 国库集中收付制度的改革为创新奠定基础

在传统的预算管理体制条件下，大部分资金拨付给中央一级预算管理部门，支付流量既不规律也不稳定，国库现金余额的波动幅度很大，而且大量现金分散闲置在各个预算单位账户上。没有现金余额的集中化，在微观领域中不可避免地会产生大量的腐败和低效率问题。从深刻的教训中得到启示：我国如果不能成功地建立能够确保现金余额集中化的全新国库体系，构造一个良好的公共财政管理框架就永远是一个难以企及的目标，国库履行其最为重要的功能——现金管理也就无从谈起。

2001 年以来，随着国库单一账户体系逐步确立，部门预算改革和国库集中收付制度改革在深度和广度上的不断推进，直接支付和授权支付方式的采用，国库现金支出节奏日益均衡，国库现金余额的变动日趋稳定。规范的收缴程序保证了财政资金足额、快速地流入国库，改变了国库财政收入入库周转环节多，速度慢，层层经收，逐层上解，资金在途时间过长，流失严重等问题。财政资金由国库单一账户直接拨付给商品供应商或劳务提供者账户，避免了划拨渠道不够畅通，拨款环节多、速度慢、大量国库现金闲置在拨款途中和预算单位的支出账户上等问题。更为重要的是，由于国库集中支付取消了各级预算单位自行在商业银行开设的大量账户，预算单位的财政资金都集中于国库单一账户，这有利于财政部门对资金加强统一调度和管理，使库款调度更加灵活。

在国库单一账户下实现现金余额的集中化，可以认为是一种最优化的现金管理模式[49]。国库现金余额集中到单一账户后，根据公共财政的本质要求，考虑国库现金的时间价值和机会成本，必须尽可能地使国库现金效率最大化。首先根据现金流的预测机制，确定国库最佳现金持有量，超出最佳持有量的现金构成"剩余现金"，剩余现金如果闲置在单一账户上，将会带来很高的机会成本和资金风险。因此，这些闲置的现金余额应该以某些形式加以运作，最好是短期投资等方式，由此产生的投资收益有助于提高国库资金使用效率，降低财政支出压力，改善政府的财务状况。

3.2.2 国库资金赎回国债是创新的初步尝试

提前兑付或赎回未到期国债①是国际上广泛采用的一种政府债务管理和现金管理工具。2004 年 8 月 20 日，财政部以混合式招标方式，提前兑付年底到期的三期记账式国债，这是财政部首次以市场化方式赎回国债。财政部规定，全国银行间国债市场、交易所国债市场 2004 年国债承销团成员，均有权参加本次国债提前兑付的招投标活动。提前赎回的三期国债（具体情况见表 3-2）均为 2004 年 12 月到期券种，发行总量合计为 886 亿元，近期几乎没有交易，流动性极差。8 月 22 日，财政部公布了提前赎回部分国债的招标结果：经投标确定的三期国债提前兑付总量共计 101.36 亿元。由于这三期国债的发行量接近 900 亿元，并且均集中在年底到期。财政部提前赎回这三期国债既有利于缓解年底国债到期的兑付压力，同时也减少了利息的支出，提高了国库资金使用效率。同时，由于这三期国债的存续期在 4 个月左右，避免了对债市产生冲击。

表 3-2　2004 年 8 月 20 日财政部以混合式招标方式提前兑付的三期记账式国债一览表

国债名称	2001 年记账式（十六期）	2002 年记账式（十六期）	2003 年记账式（十二期）
到期时间	2004 年 12 月 20 日	2004 年 12 月 16 日	2004 年 12 月 11 日
发行量	263.53 亿元	368.1 亿元	255 亿元
期限	3 年	2 年	1 年
提前兑付量	31.47 亿元	42.32 亿元	27.57 亿元

资料来源：www.caijingshibao.com，《财经时报》，2004 年 08 月 16 日

财政部利用国库资金提前赎回未到期国债后，可能导致市场现券不足，进而可能影响银行资产流动性。因此，2004 年 8 月 25 日，财政部决定发行面值总金额为 372.9 亿元的 2004 年记账式（七期）国债。按照以往惯例，缴款时

---

①　提前赎回国债主要分三种情况：一是通过赎回二级市场上流动性差的国债，促进基准利率国债的发行，改善二级市场的流动性；二是可以熨平偿债高峰，减轻发行者面临的再融资风险；三是可以充分利用闲置的资金、剔除小额国债等等。国外在实行国债提前兑付时，其定价方法通常采用由国债一级自营商或做市商进行竞争性招标的方法进行。

间应安排在 8 月 30 日（星期一），本次赎回操作的资金清算时间安排在 8 月 27 日（星期六）。从时间安排上，与国债发行缴款时间衔接较好，一方面可以吸引更多的投资者参与赎回操作，同时也有利于增加 7 年期国债的资金来源，便于投资者进行资产管理[50]。同时，针对国债市场流动性不足问题，财政部于 2004 年 11 月 3 日在全国银行间国债市场进行了 2004 年记账式（九期）国债的发行招投标，本期国债是短期国债，期限只有三个月。此举不仅可提高国库资金收益，并可提高金融市场的流动性。

其实，财政部此次国债操作并不是偶然的，财政部副部长楼继伟 2003 年年底曾透露，一种新的国债操作方式——国库现金管理方式正在推进，此举不仅可提高国库资金收益，也有助于货币市场基准利率的形成，并提高金融市场的流动性。可见，财政部此次以市场化方式赎回国债的象征意义大于其实际意义。财政部首次利用国库资金以提前赎回的方式介入市场，是我国进行积极国库现金管理的初步尝试，意味着国库现金开始介入金融市场。如果今后形成固定的运作机制，那么提前兑付国债很有可能向市场化的运作方向演变，同时会成为国库现金管理的一种投资运作方式。总之，财政部此次用国库现金余额以市场化方式成功赎回国债，证明我国构建新型国库现金管理体制、有效利用国库现金余额是可行的。

3.3　国外国库现金管理创新的经验借鉴

3.3.1　美国的国库现金管理实践

20 世纪 80 年代以前，美国还未进行政府现金管理，联邦政府机构使用余额超过一百万美元的无息支票账户的情况十分普遍，作为回报，金融机构对其提供免费服务。美国 20 世纪 80 年代之所以开始政府现金管理创新，有其深刻的政治、经济、文化和科技背景[51]。首先是消减赤字、控制债务规模的客观要求。80 年代初，里根执政后采取以债务支撑的减税增支政策，导致财政赤字扶摇直上，为消减赤字、控制债务规模，国会和政府采取了降低发行债务限额、控制财政收支等多种措施。与此同时，以市场为基础的公共管理及企业化政府等有关政府管理的新理念在世界范围内兴起，在政府管理中引进市场化机制和私营部门管理模式，以提高效率。开展国库现金管理以增收减支，就是其中的重要举措之一。美国在开展现金管理伊始，就提出向企业现金管理学习，恰恰是这种管理新理念的应用和反映。其次，是全球经济一体化和金融管制放松的推动。经济一体化的发展给世界各国提供了发展机遇，也使各个国家面临世界范围内的竞争，各国政府只有加强管理、提高效率，才能在经济一体化浪潮中获得优势、避免和减少损失。20世纪70年代后，美国政府放松了金融管制，金融服务和投资工具也得到很大改善。美国政府及其公共组织开始认可货币的时间价值和现金的机会成本，逐渐意识到可以从货币的时间价值中获取收益，并且意识到政府自己进行投资更好，联邦政府决定开展国库现金管理。再次，20世纪中叶以来，计算机、通讯和网络技术得到迅猛发展，深刻影响并改变着政府管理的内容、方式和方法，使财政资金集中管理成为可能。没有现代化的政府财政管理信息系统作支撑，简直无法设想如何管理国库单一账户、如何实现资金支付快速划转以及国库现金管理。另一方面，信息技术、尤其是互联网的出现和发展，也推动了政府财政管理向自动化、电子化、集中化趋势发展。20多年来，美国在国库现金管理上取得的任何重大进步，都和发达的信息技术支持分不开。

在上述政治、经济、科技力量的推动下，美国开始并不断改进国库现金管理。其实践历程为：1981年，里根总统提出联邦政府学习企业现金管理的做法来管理联邦政府现金可以节约大量资金，并提出了《管理促进计划》（*Management Improvement Program*），目标在于改革联邦财政管理，终止不必要的现金流利息损失。1988改革（Reform'88）是总统的《管理促进计划》中的一部分，旨在1988年前作为一项综合性计划来提高、巩固联邦政府的管理制度，并实行流水作业管理，要求每个联邦机构都要监控自己的现金流、选择最佳工具加速资金入库并及时向供应商、受让人或其他支付对象支付资金。

1982年前，美国政府资金支付行为中30%属于拖延支付行为，45%属于提前支付行为，结果导致不必要的拖延费用开支和利息损失。因此，国会在1982年通过了《促进支付法案》（*Prompt Payment Act OF 1982*），在1988年通过了《促进支付法案》（修正案），要求联邦机构准时支付，拖延支付要向支付对象支付利息，提前支付要向支付对象计提折扣。法案还提供了提前支付时的折扣计算公式。管理与预算办公室制定了《促进支付法案》的实施细则。在制定了促进联邦机构支付管理的必要法律和制度后，联邦政府开始将注意力转向资金收缴。国会在1984年通过了《消减赤字法案》（*Deficit Reduction Act of 1984*），收缴和存款条款（Collection and Deposit Legislation）是该法案的一部分，规定了资金收缴和存款管理制度，授权财政部负责资金收缴和存款管理，要求联邦机构使用电子转账方式、锁箱法、自动退款机制并要符合国库规定，还要求财政管理局（Finance Management Service）定期检查联邦机构现金管理的财务活动，包括收缴和存款、支付、财产盘查、预付款以及没有纳入国库的现金，并为联邦机构提供提高管理水平的建议和计划。

1990年，国会通过了《现金管理促进法案》（*Cash Management Improvement Act*），用于促进联邦政府资金在联邦政府和各州之间划转，其目的在于通过缩短资金划转时间确保管理效率、及时满足联邦机构的资金需要等。1993年，克林顿总统宣布对联邦政府实行为期6个月的检查，来发现并确证问题、提供解决方案以及节约资金的思路，公布了《全国执行情况检查报告》（*The National Performance Review*），提出联邦政府必须寻找更好、更有效的方式为其项目和活动支付资金。1996年4月26日，国会通过了《债务收缴改良法案》（*Debt Collection Improvement Act*），主要是要求推进电子化资金划转项目（EFT），要求联邦机构除极个别情况外，必须通过电子化资金划转方式实现支付，以达到削减成本、消除纸质文件和票据、加速资金流转、加强内部控制、科学预测现金流动等目的。

简言之，美国开展国库现金管理是政治、经济、文化、科技、管理等各方面因素共同作用的必然结果，其直接目的在于节约资金、获取收益，改善政府财务状况；美国国库现金管理涉及资金支付、收缴、债务管理、投资管理等内容，在政府管理中发挥出重要作用。20多年来，为联邦政府节约了数十亿美元的利息；美国国库现金管理以学习企业现金管理经验为出发点，坚持市场化、科学化、信息化、法制化的发展方向。可以预见，美国国库现金管理还将继续深入开展下去[52][53]。

3.3.2 英国的国库现金管理方法

（1）实行国库单一账户制，保持国库存款最小限度

在英国，英格兰银行是政府的开户银行，其中管理政府账户的一个原则就是尽量将国库存款保持在最小限度。为此英格兰银行的国库部每天编制一张国库白皮表，并对其后13个星期的工作进行安排，对国库资金的变化做出预测。这张国库白皮书包括三部分内容。第一是反映每天国库的收支变动状况及对未来7个星期国库收支额进行预测。通过对从银行体系流进和流出资金的分析，研究国库存款对银行体系资产及负债变化产生的影响，并与宏观经济指标对比，判断是否符合既定的经济目标，针对未来的收支变化趋势及时采取相应的政策措施。第二是关于前一周各类证券交易情况，尤其是金边债券的交易。进

而可分析由于证券交易而发生的资金变换对政府收支、国库储蓄商业银行头寸及利率产生的影响。分析这部分资金流量有利于协调政府投资与整个投资的关系，并为英格兰银行的利率导向与货币政策提供决策依据。第三是预测每天政府应兑付的国库券、金边债券及其他公债的本金和利息，据此预测这些资金流向及其对证券行市的影响。通过以上分析和预测，提前做出安排并将国库存款保持在最小。例如，每当缴纳巨额税收时，就会出现国库存款上升，商业银行存款下降。但当政府进行大笔支出时，会使商业银行的存款增加，国库存款下降。结合以上分析和预测，可尽量将政府的巨额税收与政府的大笔支出安排在相同的时间里，这样不均衡的收入和支出被相互抵消，使国库存款处于相对稳定的状态。

（2）进入货币市场进行日常运作，保证国库目标余额的实现

英国财政部只在英格兰银行开设存款账户，目前日终现金余额保持在2亿英镑左右。根据每天的国库收支预测，若央行账户日终现金余额可能低于2亿英镑时，英国债务管理局在发行短期债券外，会卖出或回购所持有的金融工具，筹集国库所需现金。回购是指债务管理局暂时卖出优质金融工具，并放弃所有权，待约定时间过后再按既定价格购回金融工具，并收回所有权。若央行账户日终现金余额可能高于2亿英镑时，英国债务管理局会买入或回售优质金融工具，并拥有所有权，待约定时间过后再按既定价格售出金融工具并放弃所有权。

（3）严格管理，保证国库现金的安全性

为了充分保证国库现金的安全性和所持金融工具的流动性，从而随时保证国库支出的需要，英国债务管理局规定：①回购或回售交易，必须具有十足的优质金融工具作为抵押；②买入或卖出的优质金融工具，其剩余期限最长不能超出半年；③优质金融工具包括英国政府债券，信誉卓著的商业银行发行的英镑短期票据，以及美国政府债券和德国、法国发行的欧元政府债券等；④按照《马斯特里赫特条约》的规定，欧盟各国的央行不能向本国财政部发行隔夜信贷来弥补其预算收支差额，为此英国债务管理局与几家大型清算银行签订了《备用透支协议》，以应付国库的资金急需[54]。

3.3.3 瑞典的国库现金管理方法

瑞典是经济发达、并实行典型的高福利制度的国家，政府有多年的市场经济和公共财政管理经验。1994年后，为摆脱公共财政状况不良局面，推行了

一系列整合财政、改进预算管理的改革，加强对国债、国库资金的管理。其做法大体概括为以下七方面：

（1）国库业务由国家债务办公室管理

瑞典专设有国家债务办公室（SNDO，Swedish National Debt Office）作为政府的财务管理机构，接受财政部的监督，并保持独立性，负责控制政府财务风险，具体管理国库业务。国债办公室在瑞典中央银行开设账户，办公室的职能主要有：①对财政部负责，以尽可能低的成本发债和管理中央政府债务；②为国家的重点项目提供担保和贷款；③充当政府机构的内部银行，预测中央政府的借贷需求，实施国库的现金管理。国债办公室的基金部，是专门负责中央政府债务管理和国库现金管理的机构。每年十月的第一个星期，国家债务办公室提出国债管理草案，政府征求央行意见后，交由议会审议，审议后的文件作为国债管理的指引，由政府对外发布。国家债务办公室根据指引安排全年的工作，并向财政部报告，财政部对其工作进行评估。议会审议过程中要举行听证会，评价国债办公室的工作目标，通过其工作目标的可行性研判，修订工作指南。

（2）国库单一账户实行现金零余额管理

国家债务办公室认为，竞争而中性的支付系统最终会使政府的管理成本降到最低，因而建立了这样的机制，即政府部门和机构可以选择和政府签订框架性协定的银行和支付系统。国库单一账户下的开户银行由政府公开招标确定，目前有四家开户银行可供选择，政府各部门可任选一家银行开户，需要向开户银行支付服务手续费，同时规范地取得存款利息。国家债务办公室在央行的账户则不交服务费。各部门没有国库单一账户体系之外的其他账户，所有资金的进出都通过单一账户。在国库单一账户下，各部门可以有多个分账户。国库单一账户每天出现的盈余和赤字都通过国债办公室进行市场运作来轧平。如果国库支出大于收入，单一账户出现赤字，国债办公室发行国债，满足政府的资金需要；如果国库收入大于支出，单一账户出现盈余，国债办公室将资金投放市场借贷出去。每天银行关门时单一账户的余额要控制为零，即单一账户没有隔夜头寸和库底资金。

（3）准确预测政府未来的资金需要量

为保证单一账户实现每日的零余额，国债办公室必须准确预测政府每日的资金需要量和单一账户现金流量的净值。国债办公室定期发布对政府资金需要量的预测：如年度预测和细化编制的月度预测。此外国债办公室还要编制用于内部现金管理的每日资金预测。这些预测的主要依据是：①财政部门的预算建议；②经验主义的分析模型，如用于预测税收收入和失业保险金支付的模型；③直接来自各部门的信息。国债办公室以往的操作经验和严格的支付规则，为每日资金的流动性预测提供了可靠的基础。资金需要量预测严格以现金流量为基础，采取自上而下的方法，重点关注主要的现金流，如主要的税收收入以及重大支出的拨付等，据此预测总的借入或贷出需求。全面的年度预测报告每年发布三次，报告中同时也有关于报告期间各月份的月度预测。国债办公室在预测中长期政府资金需要的基础上，发行中长期政府债券。瑞典专家强调，短期资金需求的准确预测虽十分有用，但对于总体运作并不起决定性作用，而且对短期资金需要量的预测要随着经济形势、汇率利率变化以及财政收支情况经常、随时调整，对于长期资金需求的预测才是决定性的。

（4）银行债券和对外投资的市场化管理

根据法律规定，国债办公室不允许直接向瑞典中央银行借款，但特殊情况下可以由其他银行作为代理人向央行借款。通常情况是，当国库单一账户出现赤字时，国债办公室通过发行国债，从市场筹集资金，满足政府的资金需要。目前，国债办公室的主要债券工具有：中长期政府债券（占28%）、短期政府债券（占21%）、与通货膨胀率挂钩的债券（占11%）、住房借款（占5%）、短期融资（占2%）、外币借款（占34%）。国债办公室逢每月的第二周发行20亿瑞典克郎的中长期政府债券。政府短期债券的发行随资金需要量的月度变化而定，短期债券的发行期限通常为3—12个月，在每月的第二周进行电子拍卖。除此之外的政府短期资金需要通过临时发行期限较短的债券（通常为2—6周）满足。短期融资工具还有：短期资金拆借、回购协议以及根据需要临时发行的短期债券。通过以每天零余额为目标的流动性管理，可以平衡政府短期资金支付的波动。当国库单一账户出现盈余时，国债办公室不是将盈余资金存入央行，而是直接参与货币市场交易，将资金贷放给商业银行以及其他私人部门，或存入别的银行，实现财政资金的增值。

为降低政府的发债成本，促进市场化运作的顺畅运行，国债办公室的所有市场化运作都体现很高的透明度。国债办公室的基金部每年发行三期刊物，公布政府在何时发行何种政府债券，让市场各方了解政府的发债计划。国库单一账户的主要现金流量以每日为基础监控，当日实际现金流量的分析说明在次日早晨发布。当月总的现金支付情况在下月的前四个工作日公布。

（5）控制国库资金管理中的风险

复杂的国库资金市场化运作隐含着财务风险和运行风险，要求注重风险管理。在瑞典，其目标是：实现国库资金市场化管理的最优化，满足金融监督管理机构的要求。国家债务办公室的风险控制部负责：①监控国库资金管理中的财务风险和运行风险。②确定财务风险的范围。财务风险包括：市场风险、流动性风险和信用风险。市场风险包括由债券和投资的配合和多元化、基准债券组合和基准投资组合、票面币种的限制以及风险价值的限制等方面引发的风险。流动性风险包括再融资风险和资产流动性引发的风险。信用风险包括低评级、结算风险等。③启动降低运行风险的措施。运行风险包括由于组织、系统以及操作规程的不健全和政策不当所引发的风险。此外，国库资金管理中还会发生政府信誉风险和战略风险。从1998年秋开始，风险控制系统逐渐建立，2000年该系统全面运行。有效的风险控制系统具备这样的要素：数据库、良好的操作工具、顺畅的交易系统、强有力的内部控制以及高水平的操作人员等。

（6）严格科学预算为国库管理提供良好的基础

瑞典财政部的一项重要工作就是改进预算程序、加强财政控制，从而使衡量资金量和决定实现目标的工作更容易进行。瑞典在编制预算时，采取多年度制，每年编制今后三年的滚动预算，其中，第一年的预算详细具体。财政收入预算根据宏观经济形势以及改革的影响作准确预测，财政支出预算在广泛听取各部门意见的基础上，按27个支出领域以及每个支出领域的项目细分编制。经议会审议通过的当年预算，为国债办公室预测年度、月度以及日资金需要量提供了可靠的基础。第二、三年的预算为国债办公室做好长期资金需要量预测以及确定债券期限组合提供依据。

（7）若干配套条件

了解瑞典的经验时，显然应注意该国实行这一套制度的条件和背景。瑞典专家也强调：国库单一账户体系对于使政府现金管理的成本最小、效益最大至关重要，其良性运行的条件主要有：①瑞典对国库的管理是以发达的货币金融市场为前提的。先进的计算机信息系统，庞大且优质的数据库，发达的清算、交割、结算体系以及货币互换、掉期交易等创新的金融工具，为国库单一账户的顺利运行提供了坚实的基础。②高效的财政管理也有助于国库单一账户体系的实行。瑞典政府有一个复杂的体系来确保有效的财政管理活动。在权力下放的改革中，包括许多加强现金管理、比照市场机制的改革，这些改革包括：第一，部门有息账户的使用，日常开支拨款存入各部门、各机构的有息账户；第二，未使用拨款的跨年度结转制度，旨在调动各部门的积极性，避免年终滥用拨款；第三，允许各部门从下年度拨款中借取资金，通常以 3% 为限。另外，公共部门会计记账基础的改变也为加强国库资金的管理奠定了坚实的微观基础。在瑞典，预算及所有的拨款以收付实现制或修正的收付实现制为记账基础，各公共部门、机构则实施权责发生制会计，其年度报告以及政府的合并财务报告以权责发生制为记账基础，目前正研究在预算中引入完全的权责发生制。③完善的法规为国库单一账户的有效实施提供保障①。

3.3.4 发达市场经济国家国库现金管理创新的启示

（1）国库现金管理账户设置经验

第一，以国库单一账户制度为基本前提。一般的市场经济国家，都将政府收入集中于一家银行账户，即国库单一账户，这个账户往往开在中央银行。在一些情况下，有的国家还允许开立几个管理主要的"预算外资金"的辅助账户，如政府管理的养老基金或社会保障基金等的辅助账户。国库账户的设立考虑了国库资金管理的要求，其中一个重要的目的，就是如何通过账户信息分析预测国库资金变化，进而按经济原则安排收支搭配，以求把库款保持在低水平，尽量减少政府资金的机会成本。

第二，设立"税收和公债账户"均衡国库收支。为了避免财政收支的货币效果影响到货币供应量的稳定，财政通常将其存款余额的一部分存放在联储，其余部分存于 13000 多家商业银行的"税收和公债账户"中。该账户结构的设计正是为了消除财政收支变化引起的货币供给的不适宜扩张和收缩。联储可以从财政部先知道财政何时将资金从税收和公债账户上转入其联储账户上，预测资金波动，通过灵活运用货币政策工具与操作来稳定金融市场，避免存款大量地、无节奏地流出或流入银行系统。

第三，按照商业精神处理国库账户的设置与国库资金的生息与运作。市场经济较成熟形态下的国库管理，十分注重在保证履行政府职能的同时亦体现商业精神，使国库资金本身通过适当运作增值。这在"财政联邦制"下的地方政府层次往往表现得更为明显。美国的地方财政在金库管理上普遍采用银行存款制，而不是固定代理制，把国库（金库）账户服务纳入招投标的政府采购程序，通过同业竞争寻得条件好、服务质量高的银行作为金库的开户行，库款

---

① 财政部科研所：《瑞典国库单一账户的管理》［R］，2002 年 10 月。

成为生息的存款。一些地方政府，如宾夕法尼亚州的阿里甘尼郡，其每笔国库资金款项都采取对各家银行招标的方式，选择条件组合最优的银行来存入，短期资金也运作于购买商业证券（同时规定金库款不得用于购买股票，以避免股市风险）。宾州的匹兹堡市，财政部门在金库款的管理方面专门雇用私人公司随时分析金融市场形势和选择最佳方案[55]。

（2）国库现金管理的技术性经验

第一，建立完善的数据库。该数据库的涵盖范围应该包括：①政府直接的内债和外债，包括债务的形成、管理和偿付的相关信息。②现金管理，包括收入流和支出流的报告数据、预期数据和会计核算系统信息。③政府的显性或有负债，例如政府担保、政府资助的金融和非金融企业及其下属机构的负债。④外汇储备管理信息。⑤政府某些隐性或有负债，例如国有企业及其下属机构的非担保性负债。数据库应具有综合、灵活的特点，它能在其子系统间进行高效的数据交换，并能够在不影响正常运行的前提下进行必要的升级和扩展；同时应适应货币市场、债券市场和国际金融市场的变化而迅速调整、补充相关信息；它还应方便用户的使用，形成一套科学的指标体系，并可以迅速地生成用户自定义的标准化报告。以准确完整的数据库和相关分析为依托，一些国家的政府已经成功地使收支流更为匹配，并有效地提高了库底资金的运作效率。

第二，妥善处理财政部在中央银行的现金结余。这方面主要有两种可供选择的做法：一是已提及的财政部向中央银行收取国库现金结余的利息。一些国家的中央银行要支付财政部资金头寸的利息，同时财政部透支时也要向中央银行支付利息。那些忽略这块利息的国家，或者因为该利息额非常小，或者因为中央银行的利润在年终要返还给财政部（目前，我国的中央银行向市场放贷财政的现金结余，进行公开市场业务操作，并获得利息收入，但这部分收入并不返回财政部）。收取利息的做法能够缓解如下矛盾状况，即财政部一方面要承担债务的利息支出和债务总额膨胀的压力，另一方面又浪费了库底资金时间价值。同时这种做法还有助于更清晰地体现中央银行的实际成本和利润。但是，如果这部分收入对于中央银行至关重要，且关系到中央银行的营利状况，那么这种做法会遭到中央银行的强烈反对。因此在实际操作中要安排掌握好通盘协调。二是财政部直接向商业银行放贷其现金结余。近年来，许多发达的市场经济国家正逐步采取措施减少如下一种混淆的可能，即政府融资和债务管理所需的交易活动与中央银行执行货币政策所需的交易活动之间的混淆。因此，尽管目前最普遍的做法仍是由中央银行对政府的资金结余实行再贷款，某些国家已经开始由财政部（或债务管理办公室）直接参与市场交易。这种做法对政府和市场的完善程度要求都比较高。首先这种借贷是竞争性的，以市场为导向；其次其利率应反映商业银行的资金需求，且不低于同期限政府的借款成本；再次，这种行为还应与政府债券市场的战略性发展紧密协调①。

第三，灵活的国债发行和偿还方案。主要是：①合理选择债券的到期日和偿付日。在对政府现金收支准确预测的基础上，财政部可以把几种国债的到期日和利息偿付日放到税收收入流量最大的几个月份。本金和利息的偿还可以削减收入波的高峰，使现金结余量更趋平缓。需要提到的是，从各国实践看，国债的到期月份不一定非要同其发行月份一致，从而加大了"灵活性"的空间和操作系统。②充分利用短期国库券。国债的集中发行并非政府的明智之举、相反、将国债发行分散在全年进行，往往可以有效地降低政府债务成本、减少融资风险。短期国库券可以解决政府的短期资金需求，为财政部灵活的债务管理和库底资金管理提供高效的手段，同时，合理的具有一定规模的短期国债还有利于国债市场和货币市场的完善。设立和运用国债平准基金调控国债市场。国债平准基金由偿债基金演化而来。当初偿债基金主要是为了均衡债务支出、直至全部消除国债而设立，随着各国国债规模的日益庞大，当国债还债高峰来临时，以偿债为目的的减债基金已无法应付巨额还本付息支出，政府只好采用借新债还旧债的方式，减债基金的还债功能"力不胜任"，但其调控国债市场的功能却得到有效的发挥。

第四，财政和央行之间密切合作，中央银行运用国库资金进行公开市场操作。为了增加财政与央行彼此之间协商、协调的机会，以减少政策磨擦，加强合作，发达市场经济国家一般都设立了专门的财政和央行工作协调委员会。为了便于银行进行货币管理，财政定期向银行提供详细的现金流量计划，反映财政资金的需求及在银行存款的变动情况，央行要求对政府公债的发行时间、发行券种、发行期限、发行利率和发行方式等提出政策建议，对政府公债的二级市场交易提供便利和指导，并向财政部提供实时的交易信息。

而且大多数经合组织国家（OECD）的中央银行开立了国库单一账户，办理政府收支的资金清算业务并收取手续费，为国库存款余额计付利息，在国库资金的运作管理中起着重要作用。国库存款成为央行掌握的基础货币的重要组

---

① 财政部科研所内报：《国库库底资金的运作管理——市场经济国家国库管理和运作库底资金的方式方法》，2001 年第 16 期。

成部分，国库资金的收支状况会对整个社会的资金流量产生影响。因此，OECD 国家的央行在对国库资金进行动态分析的基础上，运用货币政策操作来管理国库资金。OECD 部分国家的中央银行具有制定融资计划的权利，当国库账户出现入不敷出时，为满足政府日常支出的资金需要，央行为政府账户发行债券筹集资金，或通过公开市场操作出售债券来筹集资金；当国库资金出现盈余时，及时利用剩余资金向商业银行发放贷款或通过公开市场操作购买债券，使国库资金余额的持有成本最小化。比如瑞典，设立国债办公室专门负责中央政府债务和国库现金管理，具体负责预测和分析国库资金状况，并及时采取相应对策。国债管理办公室一方面根据经济发展状况等因素分析、预测税收收入的情况，另一方面根据预算支出计划等因素预测国库支出需求，然后做出发行短期国债或向商业银行提供贷款的数额、时间、方式等决策并付诸实施。

3.4 我国新型国库现金管理体制的框架设想

3.4.1 国库现金管理体制改革的指导思想和原则

财政国库管理体制是公共财政管理的有机组成部分，是预算执行的制度性保障。改革现行财政国库现金管理制度，要从社会主义市场经济体制下发展公共财政目的出发，旨在加强对财政性资金的管理和监督，防止财政资金的流失，提高财政资金的使用效益，促进实现财政政策和货币政策的协调，最终达到政府宏观经济管理的目标，通过借鉴国际经验，建立和完善以国库单一账户体系为基础、资金缴拨以国库集中收付为主要形式的现代国库管理制度来实现。因此，政府现金管理体制改革的指导思想是：应按照社会主义公共财政基本框架的基本要求，借鉴国外市场经济国家国库现金管理的经验，结合我国的实际情况，首先建立和完善国库单一账户体系，实施资金缴拨以国库集中收付为主要形式的财政国库管理制度；其次，加强和完善现金流管理系统，加强财政监督；最后，建立政府现金余额运作机制，进一步提高财政资金使用效益，增强财政宏观调控的作用。

应遵循的原则有：①合规操作、易于监督原则。各级财政部门必须在国家政策和法律、法规许可范围内管理政府现金，明确政府现金管理机构的职责和权限，建立合理规范的现金管理程序，使政府现金按规定程序管理运作。同时要规范政府现金监督机制，使政府现金管理透明化，便于政府财政监督部门、审计机构和人大对国库现金管理情况进行监督。②安全性、流动性与效益性兼顾原则。现金余额管理要遵循安全性第一、流动性第二、效益性第三的原则。国库现金余额是由于国库现金收入与支出时间不匹配形成的临时性闲置资金。国库收支是严格按预算执行的，满足财政支出需要，所以在管理和运作国库现金余额时，首先要考虑到资金的安全性、流动性，即在管理和运作国库资金时，要尽量避免风险，必须投资于一些流动性强、安全性高的投资品，不允许发生国库资金本金的亏损；并能及时变现而不影响财政支出需要。在保证安全性、流动性的前提下，通过合理的投资运作，提高国库资金的使用效率。③政策协调原则。建立新型政府现金管理体制时，不但要考虑财政预算、税收等内部政策协调，更要考虑到财政的收支管理政策、财政资金管理政策、预算管理政策、中央银行的货币政策、金融市场发展政策等。因为只有跟国家财政政策，货币政策等协调一致，才能在有利的环境中去建立和执行现金管理新制度。

3.4.2 新型国库现金管理体制的基本框架

借鉴国际经验，结合我国公共财政框架下的国库制度与政策，我国新型国库现金管理体制的基本框架设想如下（如图 3.1 所示）：

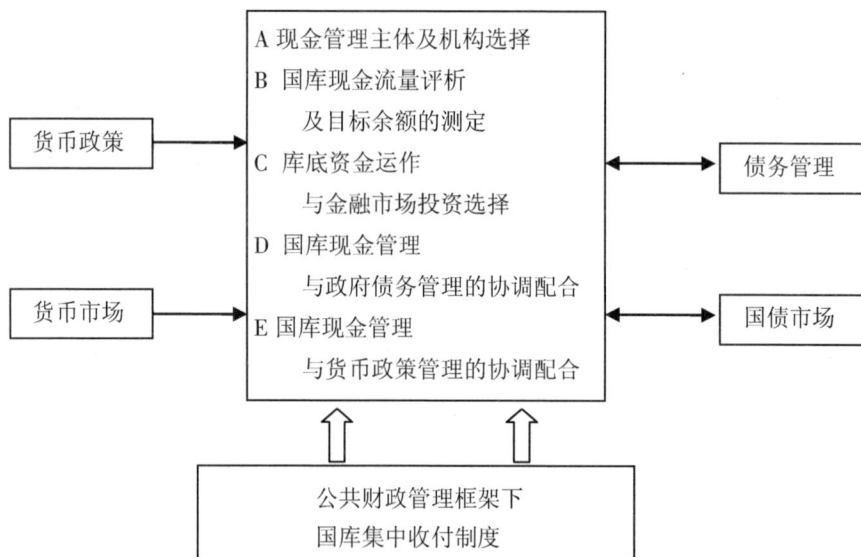

图 3.1　新型国库现金管理体制的基本框架图①

---

① 本图参考孟春、李晓慧发表于《财政研究》2004 年第 7 期上的《建立高效的政府现金管理体系》一文中的相关图形所绘成。

从图 3.1 中可以看出，新型国库现金管理体制框架以国库集中支付制度为基础，以国库现金流管理、国库最佳目标余额的测定、国库现金余额投资运作为主体，注重国库现金管理与政府债务管理以及与央行货币政策管理的协调，以货币与债务管理政策协调下的货币市场与债务市场为两翼。设置该框架的理由是：公共财政下国库集中收付制度是新型国库现金管理的基础，只有在科学确立账户体系，规范收入、支出程序后，才能展开国库现金流监控、预测国库现金余额、测定国库最佳现金持有量等主体活动。同时，若没有货币市场与国债市场两翼的推动和国库现金管理与债务、货币管理政策的协调配合，国库现金库底余额的投资运作就难以实施，或难以取得理想的效果。因而，国库现金管理必然涉及国债市场与货币市场相互配合问题，从而产生国库现金管理政策与债务管理政策和货币政策的协调问题。另外，由于我国过去没有实施国库现金管理，因而国库现金管理创新还涉及国库现金管理的主体及机构设置的问题，研究新型的国库现金管理体制必然包括上述方框中的内容。国库现金流监控与国库最佳现金持有量的测定、现金余额的投资运作等是体制创新中的主体或核心问题，国库现金管理与债务管理和央行货币管理的相互配合是国库现金管理体制创新成功与否的关键问题，将在后面专门讨论。在此，仅就国库现金管理的主体及机构设置和国库现金流的集中化管理两个问题作简单阐述。

3.4.3 国库现金管理的主体选择与机构设置

国库现金管理的主要目的是在保证财政资金正常拨付和安全的前提下，最大可能地提高国库现金的使用效率。能否达到高效现金管理的目标，必须明确谁是国库现金管理的权力主体，以及如何设置国库现金的管理机构。

（1）明确财政部门是国库现金管理的主体

在发达市场经济国家，现金管理的主体和重心在财政部门。而我国国库体系的重心一直在银行部门，中央银行负责管理预算执行过程中的现金营运。人民银行逐渐在很大程度上承担了国库业务的管理职能，使国库的监督职能形同虚设[56]。在财政、银行实为一家的计划经济体制下，国库现金管理的职能由谁来执行可以不做明确划分。但是随着我国市场经济体制改革的不断深化，财政和银行彻底分家，各司其职。中央银行的职责一般是负责制定货币政策、管理货币发行、外汇储备等。若由中央银行来管理国库资金，其目的将是贯彻货币政策，调控基础货币量，那么政府资金运作活动和中央银行公开市场业务的交易活动将不可避免地发生混淆，甚至抵触，而最终可能的结果是牺牲财政利益，保全货币政策。与银行部门相比，财政部门在整个预算与财政管理事务中处于更好的地位，承担着更多更重要的责任。财政部门的主要职责是制定财政政策、管理政府资金、政府债务、国有资产等财政事务。《中华人民共和国预算法》（1995）第六章第四十七条规定："各级国库库款的支配权属于本级政府财政部门。"国家金库是国家的财政库，是隶属于和紧密联系预算执行过程的管理机构，财政部门对国库具有直接的领导权和实施有效管理，是国家预算圆满实现和充分发挥财政各项职能作用的保证。财政部门管理国库现金的主旨是在保证财政正常资金拨付和资金安全的前提下，最大可能地提高国库资金的使用效率。因此国库现金管理的权力主体应该是财政。

当然，强调财政部门作为国库现金管理的主体，并不否认银行部门在国库现金管理体系中的作用。在新型国库现金管理体制下，银行部门的作用将得到更好的发挥，但它的角色是配角而不是主角。

（2）设立专门的国库现金管理机构

国库现金管理的主体转为财政部门后，财政部门如何管理好国库现金，使其在保证正常的资金拨付和资金安全的前提下，使资金得到最大增值。在市场经济国家，国库往往设立专门机构进行国库资金的市场运作，包括隔夜拆借、票据交易等投资活动，追求国库资金增值。国库现金余额进入市场投资运作，必然会面临风险。要避免风险，选择合理的投资工具很重要，但更重要的是要组建一个具有高水平的国库现金管理机构。财政部国库部门负责政策层面工作，国库收付中心负责国库业务具体操作。这个专门的现金管理机构由国库部门直接领导，其职责：一是准确预测国库每日现金流量，并对现金流进行实时监控；二是维持国库资金账户的平衡，以保证国库资金账户持有足够的资金余额满足政府日常支付资金的需求和一些必要的应急储存；三是加强信息统计工作，通过专门技术和方法，建立准确及时的日清、月清、季清制度，为财政决策提供参考；四是以监督管理为主，委托金融机构进行具体投资操作，通过各种债券、基金的买卖、隔夜拆借、票据交易等投资方式，使国库资金保值、增值。

（3）设立专门的财政与央行协调机构

国库现金管理是财政政策与货币政策之间协调配合的重要领域，国库现金管理运作会不同程度地影响到货币供应和市场利率，国库现金管理的目标和出发点均与货币政策有所不同。发达市场经济国家一般都有专门的财政与银行工作协调委员会，增加彼此之间协调、协商的机会，以减少摩擦，加强合作。因此，要建立新型国库现金管理体制，保证彼此之间信息的及时沟通，并处理任何分歧或可能产生的政策问题，财政部与中国人民银行之间建立专门的协调机构是非常必要的。

人民银行是国家机构的组成部分，有责任为国库现金管理和运作提供方便。此外，从资金的安全角度考虑，将国库单一账户开设在人民银行最稳定，因为人民银行不同于商业银行，商业银行是追求利润最大化的盈利性机构。国库存款是人民银行用来调控社会货币供应量和基础货币的重要组成部分。人民银行通过掌握国库单一账户上国库资金的运作情况，有利于正确运用货币政策，加强财政与货币的政策协调，促进经济稳定发展。在资金管理上应引进"市场"管理机制，即人民银行管理国库账户应收手续费，国库存款余额也要计利息。这样既有利于明确计算人民银行的成本效益，又有利于财政部门与人民银行的合作。

在具体操作上，财政部与中国人民银行之间应就分工达成一致，并建立有效的网络信息交流平台，其内容主要包括：建立国库基本账户日现金余额和现金流量历史数据库；确立分析和预测现金流的统一方法；建立国库现金余额变动数据的每周和每日信息交流的时间表；对发行短期国债、中央银行票据进行有效沟通与衔接等。

3.4.4 国库现金流量管理

现金流量管理是新型国库现金管理体制的重要内容之一，高效的现金流量管理为国库最佳现金持有量的测定奠定基础。主要包括集中控制现金流入和现金流出，即尽可能加速资金入库，延缓资金出库；对现金流的预测、监控与电子化集中核算等内容。

（1）加强现金流入与流出的管理

现金流量管理是新型国库现金管理体制的重要内容之一，主要包括集中控制现金流入和现金流出，即尽可能加速资金入库，延缓资金出库；对现金流量的预测、监控与电子化集中核算等问题。现金流量的高效管理为国库最佳现金持有量的测定奠定基础。

国库现金流入的妥善管理要求以尽可能短的时间和尽可能小的交易成本，将现金收入缴入国库，而且现金入库与现金用于支出计划之间的时间间隔应当尽可能缩短。政府收入应当迅速进行处理，并用于各种支出。现金流出管理主要是采取适当措施，延缓现金流出国库。控制现金流出的主要目的是确保在支出到期日之前持有足够的现金，并使交易成本最小化，同时保持现金流出与流入及财政预算约束之间的匹配性[57]。

（2）建立全面的现金流预测机制

由于国库现金流动情况受多种因素的影响，具有较大的不确定性，如果没有事先预测，国库最佳现金持有量就无法合理测定，进而国库现金余额的管理操作将难以满足国库现金流的实际要求。全面、及时、准确、科学的国库现金流预测能为国库现金管理提供量化的操作目标，是规范现金管理的最基本要求。以预测分析为基础，合理安排国库收支，降低国库现金余额和国库现金管理成本是国库现金管理的重要任务之一。因此，应加强现金流量控制，测定国库现金最佳持有量，要求建立全面的现金流预测机制。

（3）建立严密的国库现金流监控机制

完善的监控机制是实现国库现金规范管理、有序运行的基本保障。高效率的现金监控系统建立在电子化的会计集中核算和完善的全面国库现金流预测机制的基础上。通过电子化网络建设，国库现金管理机构可以对国库现金流进行实际时点的监控，避免现金的流失浪费，提高现金使用效率。在有关国库现金的使用、支付和监督过程中各部门所负有的权利和责任都应做明确的规定，并用立法形式制定规范的监管程序，以及一系列严厉的惩罚措施，对审批、授权、记账、拨款等环节设立层层责任制。同时，在国库现金的使用、支付和监督过程中审计部门要加强审计监督。

（4）建立现金流的电子化集中核算系统

国库单一账户的运作、现金收支管理、现金流管理与预测等工作是无法靠手工操作完成的，必须建立电子化、自动化的国库集中核算系统。伴随着我国"金税"、"金财"工程的建设，财政国库信息管理系统也应该逐步完善，要逐步建立全国统一的国库会计集中核算系统：①负责全国统一的国库会计核算系统，积极进行财、税、库、行之间的国库业务计算机联网，实现数据互通、信息共享、全局控制，加快国库会计集中核算进程。②实现国库会计集中核算后，及时掌握各部门和单位的财务状况，有利于加强现金流的管理、预测和监控，减少腐败和挪用国库资金现象。③具有强大的信息收集和处理功能，减少政府行政成本，提高政府现金使用效率，为财政管理、宏观经济形势分析和政策制定提供决策依据[58]。

新型国库现金管理模式与原管理模式的主要区别在于，将现行银行代理国库现金管理改为财政自主管理制度，财政部门作为国库现金的管理主体，需掌控国库现金流量、测定国库最佳现金持有量，并将库底资金进行投资运作，这些都是新型国库现金管理模式的主要内容，下面分章专门讨论。

3.5　小　结

我国国库管理体制目前正处于传统管理模式向现代国库管理模式过渡的探索阶段。实行单一账户基础上的国库集中收付制度试点后，国库现金余额大幅度增加并闲置，降低了国库资金效率，说明现行国库现金管理模式存在问题，需要通过制度创新来解决。已经进行的国库集中收付制度的改革为创新国库现金管理体制奠定了基础，财政部首次用国库资金赎回国债的举措是创新国库现金管理的初步尝试，说明创新国库现金管理在我国具有可行性。国外市场经济国家国库现金管理体制创新的经验对我国的改革具有启示作用。借鉴国外经验结合我国国情，新型国库现金管理模式的大体框架是将现行银行代理国库制度改为财政自主管理金库制度，财政部门应作为国库现金管理的主体，掌控国库现金流量、测定国库最佳现金持有量，并将超出目标余额的库底资金进行投资运作，追求国库资金保值、增值和公共资源效益的最大化。

第四章

国库现金流量评析及目标余额的测定

控制国库现金流量、测定国库最佳现金持有量，是新型国库现金管理模式的核心内容之一。本章将首先阐明国库现金目标余额及其意义，然后对我国国库现金流量的基本状况进行评析，最后重点讨论国库现金最佳持有量的测定方法。

4.1 国库现金目标余额及其测定意义

国库现金目标余额又称国库最佳现金持有量，测定国库现金目标余额是国库现金管理创新的重要内容。国库最佳现金持有量是指国库现金在央行单一账户上的"目标余额"，是一个适度规模的库存现金量。保持这个"目标余额"，即国库最佳现金持有量，既能满足政府正常的资金需要，避免现金短缺可能带来的损失，又不丧失利用国库现金余额投资获利的可能性。但在实际工作中，国库现金的流入和流出会经常出现不匹配的情况，国库中可能出现沉淀资金，也可能出现短期性、季节性、临时性的资金不足。因此科学管理国库现金需要测定最佳现金持有量，不仅如此，合理确定国库最佳现金持有量还是一项涉及面广、贯穿财政收支全过程的工作，具有重要的理论与现实意义[59]。

第一，合理确定国库最佳现金持有量可以促使国库从单纯的核算收支扩展到全面控制财政收支，成为政府财务、现金的宏观管理者。国库职能也随之扩展到包括管理政府财务、现金和债务管理，实现与货币政策的协调等方面。同时，将货币的时间价值、现金流的预测和资产负债管理等现代财务管理理念引入国库管理中，有利于从整体上提高国库管理水平。第二，合理确定国库最佳现金持有量可以使财政部门熟悉并掌握国库收支运行规律，积累大量而准确的财政收支运行信息，为下一年度预算编制提供良好的基础。更重要的是，财政部门可以通过年度内现金分配来实现有限次序选择和支出削减，发挥限制预算执行的作用，确保预算的有效实施。第三，合理确定国库最佳现金持有量可以保证国库及时支付，减少资金闲置，可以使一部分中长期国债被短期国债或其他方式替代，减少政府债务余额和利息支出，可以提高货币市场流动性，为市场提供示范和基准，降低国债发行成本，可以实现闲置现金的投资增值，冲抵部分国债发行成本。第四，合理确定国库最佳现金持有量不改变各预算单位的财务管理、会计核算和资金自主使用权，却使资金收、支、使用等管理科学化、规范化、透明化，形成了对预算单位的制约，也是对财政部门自身的制约，促进了政府及其预算单位的财务管理水平的提高，最终对整个国家有利。第五，合理确定国库最佳现金持有量，可将超过目标余额部分的国库资金投入货币市场运作，增加了国内金融市场的广度、深度和层次，推进全社会资金的统一有效配置，可为市场提供权威示范，促进金融市场的创新，是一国金融市场发达程度的重要标志。第六，可以进一步改善财政部与央行在国库资金管理、政府债务管理、货币市场运行等方面的协调与沟通，有助于提高货币政策调控方面的完整性和有效性，以及财政政策与货币政策的协调配合。

4.2 我国国库现金流量基本状况评判

科学方法测定国库最佳现金持有量，建立现金流预测和监控机制，首先需要明确国库现金持有状况良性的标志，其次了解我国国库现金流量的基本状况，包括历史数据、现实规模、未来预测等。

4.2.1 国库现金持有状况良性的标志

国库现金余额按照一定的速度增长、保持较低水平的波动性、通过政府债券融入部分财政资金并实现与政府债务管理的协调配合，这才符合客观规律与社会常理。因此，一般说来国库现金持有状况良性的标志是[60]：保持国库现金余额合理的持有量规模，避免国库现金余额波动过大。因为现金资产一般被认为是非盈利资产，持有现金意味着放弃获利机会。金融市场的利率越高，持有资产的成本也越大。而另一方面，现金短缺则需要及时筹措资金弥补缺口，并要付出一定代价。因而需要科学测定国库账户中应保留的现金量即最佳现金持有量；同时，因为国库资金是社会资金总量中的一个重要组成部分，存放于中央银行中的国库现金余额，构成一国的基础货币，其增加或减少将影响中央银行调节储备基金和利息的能力，对货币政策制定和货币供给量管理可能产生不利影响。因而，国库现金余额的波动性过大，意味着财政部门的资金短缺、筹措与运用存在不合理的因素，从而会对货币管理政策产生不利影响。所以国库现金余额的确定必须与政府债务管理协调配合。因为政府债务发行的期限、时机、规模等，都是影响国库现金余额规模、波动性及成本大小的决定性因素。尽管发行债务与国库现金余额管理都遵循成本最小化原理，但两者还存在矛盾与冲突之处。因此，国库现金余额的确定与政府债务管理既存在密切关系，又存在矛盾，需要密切配合。

4.2.2 我国国库现金流量基本状况评价

受我国政府财政财务制度制约，小量货币现金和大量国库存款构成了我国国库现金的主体。因此，通过分析国库存款余额的规模、波动性、来源组成等三个因素，可以衡量我国国库现金持有量的基本状况。

（1）国库存款余额呈不断增长的趋势

通过对 2000—2007 年全国财政在中央银行的季度末存款余额的趋势分析（如图 4.1 所示），我国国库存款余额整体上呈不断增长的态势。

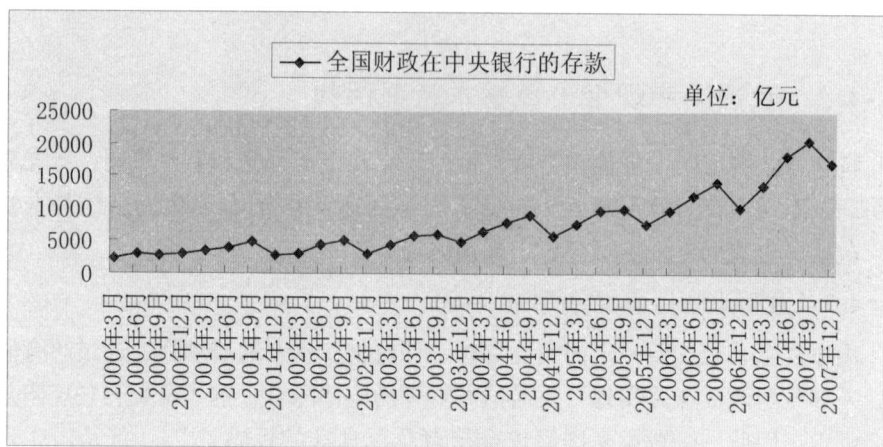

图 4.1　2000—2007 年全国财政在中央银行的季度末存款余额走势

资料来源：根据中国人民银行 www.pbc.gov.cn 上的相关数据整理

其中，2000—2003 的四年间，国库存款余额保持着缓慢、平稳增长；2003 年 3 月的国库存款余额只是 2000 年 3 月的 1.94 倍。而在 2004 年—2007 年的几年间，国库存款余额增长迅速，波动较大，绝对规模保持在较高的水平上，因为 2004 年之后，国库集中收付制度改革开始全面扩大到中央和地方各级部门，大量国库现金余额从预算单位账户转移到国库单一账户上。据资料统计，2004 年 3 月的国库存款余额相当于 2000 年 3 月的 2.77 倍，而 2007 年 3 月的国库存款余额则是 2000 年 3 月国库存款余额的 5.88 倍。

（2）国库存款余额的波动性较大

首先，我国国库存款余额受财政收支季节性影响比较明显。从图 4.1 可以看出，每年财政收支从 3 月到 9 月大抵是逐渐增加的，趋近年底国库存款余额都大幅降低。其次，我国国库存款余额波动空间在逐渐增大。从图 4.1 可以看出，从 2000 年到 2003 年，我国国库存款余额大抵在 ［2000，5000］亿元内波动；而 2004 年至 2005 年，国库存款余额的波动空间变为 ［5000，10000］亿元；而 2006 年到 2007 年，国库存款余额的波动空间更是扩大到 ［10000，20000］亿元，振幅增加了一倍。再次，中央财政国库存款余额的波动略大于地方财政国库存款余额的波动，两者的波动规律存在明显差异。从图 4.2 中可以看到，中央财政国库存款余额 2002—2003 年间一般在 ［1000，3600］亿元之间波动，2004 年存款余额猛增，最高点达到 6000 亿元，波动区间在 ［2500，6000］亿元；地方财政国库存款余额 2002—2003 年间在 ［1800，3500］亿元之间波动，2004 年的波动区间增加到 ［2300，5000］亿元。

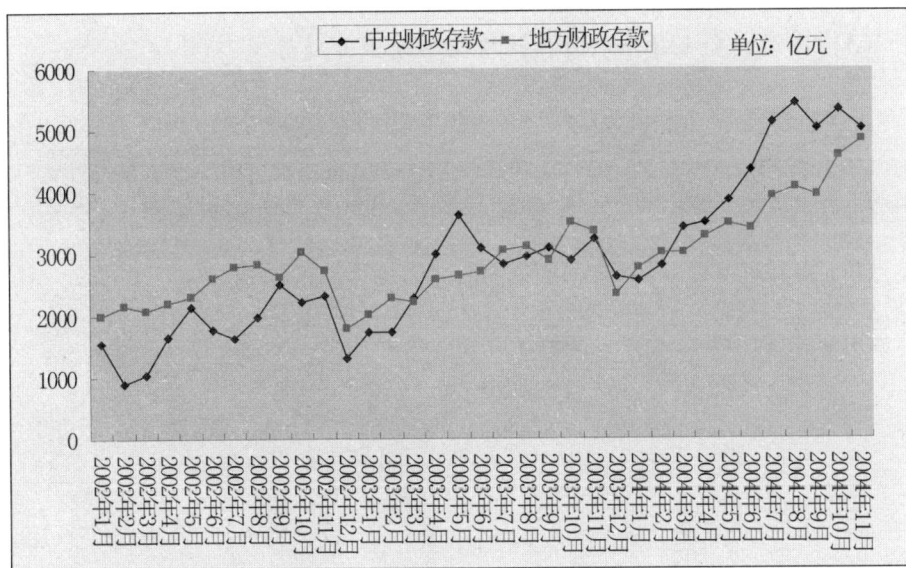

图 4.2　2002 年 1 月—2004 年 12 月全国财政国库存款余额走势

资料来源：中国人民银行网站 www.pbc.gov.cn 的相关数据整理

从单个省级财政来看，省级政府的国库存款余额的波动性更明显，规律不容易掌握（如图4.3所示），这必然给省级政府的现金管理工作带来难度，同时也影响财政部对全国国库现金流的统一预测与管理。

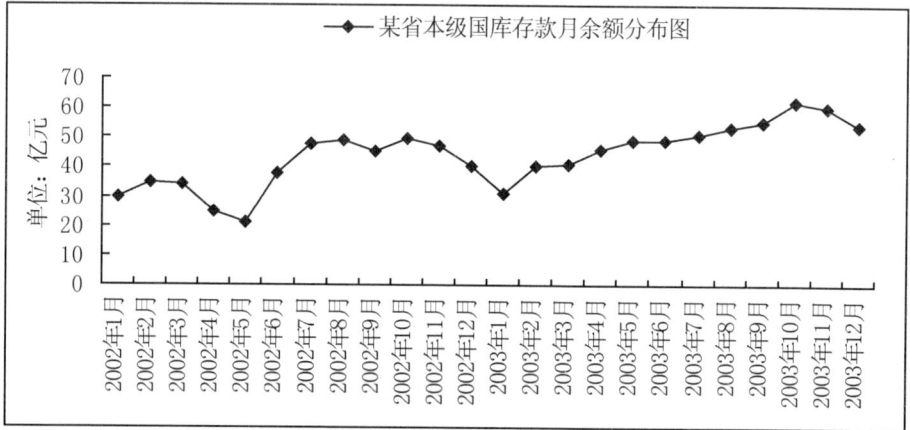

图4.3 2002—2003年某省本级国库存款余额走势

资料来源：某省财政厅国库处

（3）国库现金来源中的负债比重呈不断上升趋势

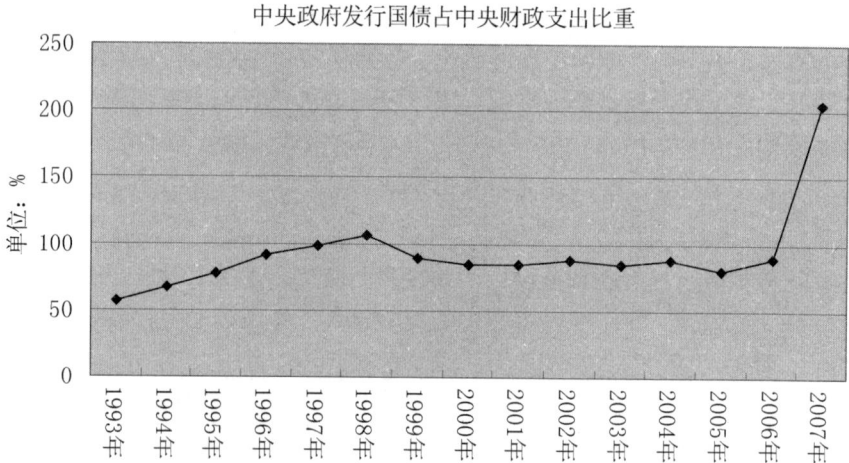

图4.4 1993—2007年中央政府年度国债发行额占中央财政支出的比重

资料来源：《中国统计年鉴—2007》和《2007年中国国债市场年报》

国债是由国家信誉作担保的债务收入，具有有偿性、自愿性、灵活性等优点，是筹集财政收入的重要渠道。长期以来我国国债的发行期限偏长，不适应市场的需求，也不利于降低财政筹资成本。同时，发行债务的期限长、数额大，无疑也会加大国库存款余额的规模增长与波动幅度。通过分析中央政府年度国债发行债额占中央财政支出的比重（如图4.4所示）可知，1993年以来，该比重一直处于不断上升的过程之中；并且1998年由于实行积极的财政政策而发行大量国债，当年发行国债占中央财政支出的比重一度达到105.93%；1998年之后该比重开始逐步下降并且一直稳定在87%左右，2004年当年中央发行国债占中央财政支出的比重是1993年的1.56倍；而2007年该比重突然飙升到205.24%，主要是因为当年为了改善我国央行高额外汇储备资产状况而发行的15502.28亿元特别国债所致。显然，为筹集资金而付出的成本也必然逐年加大。

总之，我国国库现金持有量的基本状况表明：我国国库现金余额呈不断上升趋势，而且波动性较大，国库现金管理中很少考虑现金的时间价值和机会成本，现金闲置浪费现象严重。债务余额占现金资源的比重也在不断增加，当国库现金不足时，通常发行中长期国债筹资，缺乏短期国债发行机制，成本高且灵活性差，对政府债务管理的重视不够，国库资金效益有待提高[61]。

4.3 国库最佳现金持有量的测定[62]

4.3.1 测定国库最佳现金持有量的基本方法

目前对政府现金余额的测定方法可以借鉴的成果极少，财政部科研所的一份研究报告《我国国库现金持有量的确定：一个分析框架》（马洪范，2005）对此进行了首创性的研究。该文介绍测定国库最佳现金持有量有两个著名的模型，一个是理想模式下的计量模型，即Baumol模型，另一个是随机模式下的计量模型，即Miller-Orr模型。这两个模型都是首先用于企业财务管理中，是企业确定现金最佳持有量的常用方法，于20世纪70年代后期开始应用于美国联邦政府现金管理中的最佳现金持有量的确定[63]。在现代企业财务管理中，对企业现金资产的管理大都采取了存货模式和随机模式，这些方法同样可以应用到政府现金管理中，但不能生搬硬套，必须对其中内容加以修正才可使用。

（1）理想模式下测定国库最佳现金持有量的Baumol模型

Baumol模型[64]是一个理想状态下的计量模型，该模型最早由美国William

Baumol 教授于 1952 年提出。Baumol 模型建立在四个假设条件下：一是现金支付在整个期间内是平均分布的；二是有价证券的投资收益率是固定不变的；三是每次现金与有价证券之间的转换费用是固定的；四是现金与有价证券可以自由转换。该模型的着眼点在于现金的有关成本最低。在现金的有关成本中，管理成本相对稳定，短缺成本的不确定性太高且不易计算，因而该模型不考虑上述两个成本，只考虑机会成本和转换成本。通过权衡持有现金的成本和把有价证券转换为现金的交易成本，寻求一个使现金的总成本最小的现金持有量。

Baumol 模型同样适用于国库现金管理。所谓国库现金管理的理想模式，是指国库在一定时期的现金收支均匀、稳定，其现金需求量可以预测，短期有价证券可随时转换，并知道其报酬率和每次转换的成本。在这种理想模式下，国库收到现金便可以购入有价证券或存在商业银行，需要时将有价证券或银行存款转换成现金，国库最佳现金持有量的测定只需考虑现金持有的机会成本与现金转换成本之间的关系（如图 4.5 所示）。

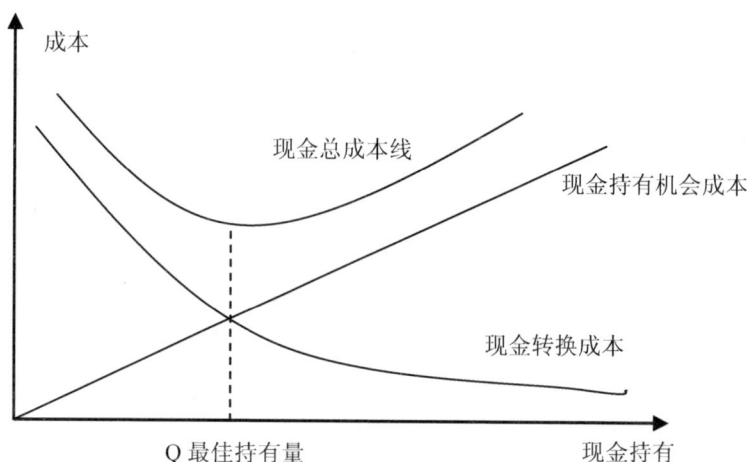

图 4.5

通过图 4.5 可以看出，国库如想既保证政府日常的现金需要，又想少付代价，就必须处理好保持日常现金持有量与证券变现的关系，图中所示现金持有机会成本和转换成本线相交点所对应的横轴上的 Q 点，即为国库最佳现金持有量。国库最佳现金持有量的总成本计算公式（如表 4-1 所示）。

表 4-1 表明：最佳现金持有量是交易成本、年交易量和年利息率的函数，

Q^* 与 E、S 成正相关关系，与 K 成负相关关系，但不是线性关系。

表 4-1 理想模式下的计算公式[65]

成本函数：$TC = E\left(\dfrac{S}{Q}\right) + K\left(\dfrac{Q}{2}\right)$　　　　　　　　　公式（4 – 1）

对公式（4 – 1）求导

一阶导数为零的点是方程的极值点

可求出最佳现金持有量 Q^*

最佳现金持有量 $Q^* = \sqrt{\dfrac{2ES}{K}}$　　　　　　　　　　　　　公式（4 – 2）

表 4-1 中各变量的解释：TC 表示现金持有的总成本；E 表示每次有价证券的转换成本；S 表示一定时期需要的现金总量；Q 表示一定时期的现金持有量；K 为有价证券的利息率；$\left(\dfrac{S}{Q}\right)$ 表示有价证券的转换次数；$E\left(\dfrac{S}{Q}\right)$ 表示一定时期有价证券转换总成本；$\left(\dfrac{Q}{2}\right)$ 为现金的平均持有量；$K\left(\dfrac{Q}{2}\right)$ 表示持有现金的机会成本。

总之，Baumol 模型适用于国库现金管理的理想状态。但在国库管理实践操作中，国库收支总是处于不断变动的状态，现金收支不均匀、稳定，其现金需求量难以准确预测，短期有价证券转换的报酬率和转换的成本也具有不确定性，所以在理想模式下的计算结果，不会十分精确。但可以此为参照，结合对历史数据的经验分析，正确推断出国库最佳现金持有量。

（2）随机情况下的 Miller-Orr 模型构建及修正

针对 Baumol 模型，由于现实中满足假设条件一的情况较难，多数情况下，无论是企业还是政府，现金的收支都是有波动的，尤其对于政府而言，突发性事件的发生经常会引起政府现金流的波动。理想的 Baumol 存货模型在实际应用中有相当的局限性。此外，经济批量模型（Economic-Order Quantity Model）也告诉我们，当现金与有价证券之间的转化数额较大时，会出现交易成本规模递减，这与假定的交易费用不变也是不相符的。1966 年，学者 Miller Merton H

和 Orr Daniel 提出了 Miller-Orr 模型，这是一个基于一定时期内的现金收支统计资料基础之上的模型，允许日常现金流量根据一定的概率函数变化（随机模型）。一定时期内，国库现金需求量难以预测且收支不稳定，这时，可以根据历史资料，测算出一个控制范围，即制定一个库存现金量的上下限。Miller-Orr 模型的焦点放在了现金管理所需金额的上限上，它设定了两个控制界限和一个回归点（图4.6）。下限即 L 由模型的外部因素决定，即一级政府一定时期内所必需的最少现金持有量；上限即 H 超过下限 3Z 个单位，即一级政府部门一定时期内最大现金持有量，如果库存现金超过了该上限，表明政府在管理国库现金方面的低效率或不作为，政府则必须承担持有超额部分现金所产生的机会成本；M 为均衡点，即持有现金的机会成本和把有价证券转换为现金的交易成本之间博弈的结果，也就是所谓的政府最佳现金持有量。当库存现金达到控制范围的上限 H 时，可将数额相当于 2Z 的现金投资于有价证券，以减少现金持有量；当库存现金接近控制下限 L 时，便要售出数额相当于 Z 的有价证券，以满足对现金的需求。最终，政府持有的现金会在不断的调整中趋向均衡点 M。

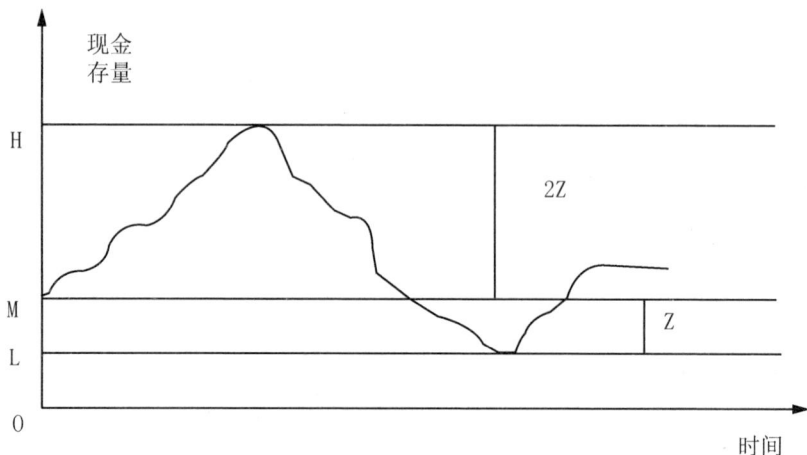

图4.6 政府现金流分布情况

表 4-2　**Miller-Orr 模型的具体推导过程**[①]:

均衡点（又称回归点 return point）　　　　　$M = L + 1$

上限（upper point）　　　　　　　　　　　$H = L + 3Z$

平均现金余额（average cash balance）　　$ACB = L + \dfrac{4}{3}Z$

最优成本（optimal cost）[②]　　　　　　　$C = \dfrac{E\sigma^2}{2Z^2} + \dfrac{4}{3}KZ$

对（＊）式求 Z 的一阶导数，由 $\dfrac{\partial C}{\partial Z} = 0$，得到：

$$Z = \sqrt[3]{\dfrac{3E\sigma^2}{4K}}$$

则　$M = Z + L = \sqrt[3]{\dfrac{3E\sigma^2}{4K}} + L$　　　　　　公式（4 - 3）

　　Baumol 模型假设现金收付在整个期间内是均匀分布的，而在 Miller-Orr 模型中，Miller 对假设条件进行了修正，认为现金变化符合严格的贝努里检验[③]，并假定现金位于均衡点 M 之上和之下的概率一致，即假定 p = q = 0.5。本文则认为，虽然政府现金流时常波动，但更符合正态分布，在下文的检验中，我们假定政府现金流服从均值为零、标准差为 σ 的正态分布。Miller-Orr 模型[66] 弥补了 Baumol 模型的假设过于简单化、不适用于现金收支经常变动的现实情况的不足之处，该模型是基于一定时期内的现金收支统计资料之上的模型，允许日常现金流量根据一定的概率函数变化。因此该模型对国库最佳现金持有量更具有实际使用价值。

　　Miller-Orr 模型弥补了 Baumol 模型的假设过于简单化，不适用于现金收支经常变动的现实情况的不足之处。但用随机模式计算的国库最佳现金持有量较

　　① 参见 I. M. Premachandra "A diffusion approximation model for managing cash in firms: An alternative approach to the Millier – Orr Model", European Journal of Opereational Reserach157（2004）218 – 226

　　② 最优成本指现金的机会成本和转换成本之和最小，公式中 $\dfrac{E\sigma^2}{2Z^2}$ 即为转换成本，$\dfrac{4}{3}KZ$ 即为持有现金的机会成本。

　　③ 参见 I. M. Premachandra "A diffusion approximation model for managing cash in firms: An alternative approach to the Millier – Orr Model", European Journal of Opereational Reserach157（2004）218 – 226

为保守，因为它是建立在国库预计现金需求总量和未来现金收支情况不可能预测的前提下，故此方法计算的国库最佳现金持有量一般要比理想模式下计算的结果大一些。但由于这一模型更接近于现实状态，因此其计算结果更具实际参考价值。

因此，通过以上两种方法的比较分析得出，随机模式下的 Miller-Orr 模型更接近国库运行实际情况。如美国财政部在央行账户的日现金余额基本保持在 50—70 亿美元，其余现金则存入中标的大型商业银行，即"税收与贷款账户"。根据每天国库收支预测，当央行账户日终余额可能低于 50 亿美元时，财政部即在当天或次日上午 11 点以前从商业银行"税收与贷款账户"调入现金补足，当央行账户日终现金余额可能高于 70 亿元时，财政部将多余现金转入"税收与贷款账户"收取利息。又如英国，财政部只在英格兰银行开设存款账户，日终现金余额保持在 2 亿英镑左右，其余资金在货币市场从事国债、优秀企业债券买卖和回购等短期投资活动。在我国，国库电子信息化发展、统计预测水平不高，收支资金流量预测和控制能力还较弱，国库现金管理尚处于初期探索阶段。也就是说，在我国国库现金管理模式建立和完善的初期，全面的现金流管理与监控体系也在逐渐完善的状况下，难以准确预测到国库现金最佳持有量。最好采用比较保守的 Miller-Orr 模型来测定国库现金最佳持有量，同时根据实际经验，围绕初步预测到的国库现金持有量，规定一个国库现金最佳持有量的最高限额与最低限额，通过合理的投资运作，使国库现金余额尽可能保持最佳持有量，不能超出最高限额与最低限额。当我国新型的国库现金管理模式发展完善后，能够做到准确预测与监控现金流的情况下，可采用 Baumol 模型测定国库最佳现金持有量。

4.3.2 国库最佳现金持有量测定实例

因为随机模式下的国库最佳现金持有量的测定结果更接近于实际情况，尤其在我国国库现金管理体制改革的初期，其测定方法更适合稳健国库现金管理政策实施的需要，所以本文仅用 Miller-Orr 模型来分析一个实例，以便更好地给予解释。

本文选取某省级政府国库现金余额的历史资料，借鉴公司财务管理理论，设计了两种以上的方法对省级政府现金流进行了预测。这里主要借鉴理想状态下的存货模型（Baumol 模型）与随机状态下的常态模型（Miller-Orr 模型），前者所谓的理想状态是指政府现金在一定时期内收支均匀、稳定，其现金量可以准确预测，短期有价证券可随时转换，其收益率和每次的转换成本为已知。

后者所谓的常态是指政府现金流是随机波动的，并符合某一概率分布，有价证券的收益率已知，但转换成本可能随转换量的大小而变动。在前文的分析发现，Miller-Orr 模型更加符合实际情况，本章也正是在对该模型进行详细分析的基础上，对其做了进一步的修正，从而较准确的测量出了该省政府现金持有量的最佳值和最佳区间。

（1）测定（省级）政府现金余额的基本依据

第一，时间序列的选择，即确定出测算政府现金流的时间范围。根据政府资金的特性，可选取 1—3 年的国库现金流，作为测算政府现金流的时间范围，考虑到数据资料的可得、计算结果的有用性以及我国金融市场的实际情况等因素，以月为时间单位测算政府现金余额是比较现实的选择。

第二，取值范围的确定，即测算出政府现金流变化过程中的数量区间（所谓最佳现金持有量的上限和下限），该区间应该是一个动态的开放区间，区间端值应该随着经济情况的变化而发生相应改变。

第三，影响因素的分析，将影响政府现金流变化的各种因素一一剖析，按不同标准具体区分定性与定量因素、内生与外生因素、常规与偶然因素等，这些因素主要包括税收制度、国库制度、预算制度、政府采购改革、中央转移支付政策、宏观经济政策、GDP 增长率，此外计算机系统的应用与更新、行政效率的提高以及各种突发事件，如自然灾害和重大工业事故等因素都会对政府现金收支情况产生不同程度的影响；进而影响到其余额的多少和可运作数额的大小。

（2）某省国库最佳现金余额的测定

通过对 2003 年某省本级国库资金日余额统计数据的分析发现，全年日余额波动较大，基于当前国库管理制度和计算机系统的制约、金融市场的不完善性和具体管理中的技术条件限制等因素，还不能完全效仿瑞典和英国等发达国家将国库日余额控制在零的做法，而把分析的重点放到月余额上较为合理（以加权计算得到的月余额作为分析的数据基础）。限于目前我国可选择金融工具的限制和月余额提供的数据，在下面的模型中只讨论政府现金参与债券回购的单一投资模式，对于债券长期持有和协议存款情况暂不作研究。

通过对我国金融市场的分析发现，无论是在银行间债券回购市场还是在交易所的回购市场中，7 天、14 天两个品种的回购交易均占到各自市场整体交易量的 90% 以上，考虑到交易的便利性和政府现金投资的流动性要求，投资组合中的资金分配也主要以这两个回购品种所占市场交易量的比重为依据（见

表4-3）。此外，由于在此是以月为时间单位进行分析和资金的运作，为了尽可能的提高资金使用效率，将银行间债券回购市场中的21天和30天这两个回购品种也纳入投资组合中。

对 Miller-Orr 模型中的变量 E、K 标准差以及最低限 L 的确定进行说明：E：主要以 7、14、21、30 天的回购品种为代表，考虑交易最频繁（即交易成本最大）的情况，即每月完成上述回购品种的次数分别为 4 次、2 次、1 次，按照银行间债券市场国债回购交易费用的规定，每笔回购交易成本为 120 元，则当月回购交易成本共计 960 元。

表4-3 全国银行间市场债券回购交易期限分类统计表（2004 年）

期限	7 天	14 天	21 天	1 个月	2 个月
成交量	54208. 63	10700. 87	2866. 30	2331. 55	903. 78
占比（％）	75.23	14.85	3.98	3.24	1.25
期限	3 个月	4 个月	6 个月	9 个月	1 年
成交量	696. 07	145. 29	131. 78	36. 4	34. 0
占比（％）	0.97	0.20	0.18	0.05	0.05

资料来源：根据中国人民银行网站 www. pbc. gov. cn 相关数据计算得到

K：以投资的份额为权重，计算有价证券的加权月利率。以 2004 年中国人民银行公布的全国银行间债券回购市场交易情况统计数据为准，7 天、14 天、21 天、30 天回购交易量约分别占到全年总交易量的 75.2%、14.8%、5%、5%（由于其余回购交易品种的交易量很小，在这里近似到 21 天和 30 天交易品种上）。这样，加权得到的月利率为（以表中的各交易品种占比为权重）：

（2.16% × 75.2% + 2.3% × 14.8% + 2.4% × 5% + 2.58% × 5%）/12 = 0.18448%

σ^2：根据该省财政厅国库处提供的 2003 年省本级国库资金日余额数据，计算得到了加权的国库资金月余额，利用 EXCEL 计算得到 2003 年国库资金月余额的标准差为 1.09×10^9 元，则 σ^2 为 1.18298×10^{18} 元。带入公式（4-3）中可得 $M = 0.77289 \times 10^9 + L$，根据所得到的国库资金余额数据，发现 2003 年 1 月国库资金月余额为 2.717×10^9 元，约 27 亿元，是全年的最低点，故将 L 设定为 2.717×10^9 元。由此一来，这样就得到样本省本级的国库最佳现金持

有量为 $M = 0.77289 \times 10^9 + 2.717 \times 10^9 = 3.49 \times 10^9$ 元，约 35 亿元。则政府现金持有量最高限额为 $H = L + 3Z = 2.717 \times 10^9 + 3 \times 0.77289 \times 10^9 = 5.036 \times 10^9$ 元，约 50 亿元，亦即现金最佳持有量区间应为 27—50 亿元，在此范围内的资金应该是比较合理的，超过 H 部分（5.036×10^9 元）的现金应该转换为有价证券，而低于下限 L（2.717×10^9 元）则认为政府行政的正常运转可能会受到影响。统计结果显示，2003 年该省本级国库 8—12 月的月余额均高于 5.036×10^9 元，其中最高值出现在 10 月，为 6.417×10^9 元，约 64 亿元。由此可见，上述模型测定结果，一方面，比较符合该省的实际情况，即政府在保持最佳现金持有量的同时，可以动用一部分沉淀资金来进行有效运作，以提高财政资金使用效率；另一方面，也从侧面证明了尽早推进政府积极主动管理其现金资产的必要性和迫切性。

用上述修正过的 Miller-Orr 模型对 2004 年该省政府现金收支情况进行处理可以得到政府现金最佳持有量和最佳持有区间。其中，$Z = 0.983 \times 10^9$ 元，2004 年 6 月国库资金月余额为 3.97×10^9 元，约 40 亿元，是全年的最低点（全年最高月余额也出现在 10 月，为 9.053×10^9 元），故将 L 设定为 40 亿元，这样既可以得到 2004 年该省本级国库最佳现金持有量为 $M = 0.983 \times 10^9 + 3.97 \times 10^9 = 4.958 \times 10^9$ 元，约 50 亿元。相应的 $H = L + 3Z = 3.97 \times 10^9 + 3 \times 0.983 \times 10^9 = 6.924 \times 10^9$ 元，约 70 亿元。2004 年该省政府现金持有量的最佳区间应该为 40—70 亿元。

比较 2003 与 2004 年的测定情况，可以发现政府现金的最佳持有量和最佳区间都是不断上移的，上升幅度约为 40%—50%，远高于当地国民经济自然增长率，其主要原因，在扣除 2003 年"非典"因素后，可以归结为实施部门预算和国库集中收付制度改革以及税收征管力度的加强。这样，在预测 2005 年的政府现金持有量时应该谨慎参考该数据，考虑到农村税费改革及其他不确定因素对该省的影响，2005 年政府现金最佳持有量增幅应为 20%—35%，最佳现金持有量区间约为 50—85 亿元。

（3）对于某省级政府现金最佳持有量 M 的测定说明

通过对 2003 年、2004 年两年的数据分析可以看出，利用修正过的 Miller-Orr 模型对该省政府现金持有量的测算是较为成功的。该模型将经济学中的厂商存货理论引入到政府现金管理实践当中，为省级政府现金管理的研究提供了新思路、新视角，对于省级政府现金管理的进一步开展提供了数理支持。同时，该模型也为进一步建立更符合实际情况的政府现金管理的数理模型起到了抛砖引玉的作用。

此外，应该认识到 Miller-Orr 模型虽然是对 Baumol 模型的一种修正，同时本文对 Miller-Orr 模型也进行了简单的修正，以期使模型更加地符合实际情况，但应该将所得到的最佳持有量 M 视为一个动态值，因为模型中的变量 E、K、σ^2 都是变动的，尤其是有价证券的利率 K 更是随金融市场的变化而随时变动。此外，σ^2 是描述政府现金波动情况的指标，它也会随着政府现金流的波动发生较大改变。所以，正如前文所述，这些影响政府现金流波动的、不确定性较大的因子，是在进行省级政府现金预测过程中不得不认真考虑的问题。因此，在实际的现金管理中，最佳持有量 M 作为一个动态值只能是一个最终目标，管理的重点应该放在政府现金可控区间上下限的确定和调整上，这样才更符合实际。与此同时，随着经济发展和政府收支的变化，下限 L 的具体值也应该不断地加以调整，这一点也为 2004 年的数据分析所证明。

4.4 小 结

国库现金目标余额即国库最佳现金持有量的测定是国库现金管理创新的重要内容。国库现金流量状况良性的标志是保持国库现金余额合理的持有量规模和国库现金余额波动不要过大。我国国库现金流量的基本状况是国库现金余额呈不断上升趋势，而且波动性较大，债务余额占现金资源的比重也在不断增加，国库现金闲置现象严重，国库资金效益有待提高。测定国库最佳现金持有量有两个著名的模型，一个是理想模式下的计量模型，即 Baumol 模型，另一个是随机模式下的计量模型，即 Miller-Orr 模型。这两个模型都是首先用于企业财务管理中，是企业确定现金最佳持有量的常用方法，于 20 世纪 70 年代后期开始应用于美国联邦政府现金管理中的最佳现金持有量的确定。这些方法同样可以应用到我国政府现金管理中，但不能生搬硬套，必须对其中内容加以修正才可使用。

通过比较分析得出，随机模式下的 Miller-Orr 模型更接近国库运行实际情况。尤其在我国国库现金管理体制创新的初期，全面的现金流管理与监控体制在逐渐完善的状况下，难以准确预测到国库现金最佳持有量。最好采用比较保守的 Miller-Orr 模型来测定国库现金最佳持有量，同时根据实际经验，围绕初步预测到的国库现金持有量，规定一个国库现金最佳持有量的最高限额与最低限额，通过合理投资运作，使国库现金余额尽可能保持最佳持有量，不能超出最高限额与最低限额。当我国新型的国库现金管理体制发展完善后，能够做到准确预测与监控现金流的情况下，可采用 Baumol 模型测定国库最佳现金持有量。

第五章

国库余额投资运作与金融市场投资选择

在科学测定出国库现金最佳持有量的基础上，对超出目标余额部分的库底资金进行投资运作，使国库资金保值增值是创新国库现金管理的核心内容。国库现金余额的投资运作是指遵循安全性、流动性、收益性三大基本原则，通过合理的金融市场投资选择，使国库现金投资收益最大化的一系列活动。这必然涉金融市场及其投资工具的选择问题，本章旨在对此问题做一些初步的分析。

5.1 国库资金余额投资运作的依据与原则

5.1.1 国库现金持有量是投资运作的重要依据

国库最佳现金持有量是国库现金余额投资运作的重要依据。在国库最佳现金持有量确定之后，应以此为依据，做出相应的投资或筹资决策。首先，用如下公式计算国库月现金余额，其次，根据计算结果确定国库资金运作方案。具体操作思路如下：

国库月现金余额 = 月末现金余额 − 月最佳现金持有量

$$= （月初现金余额 + 现金流入 − 现金流出）− 最佳现金持有量$$

$$(5-1)$$

从公式（5-1）可以得到：如果月末现金余额大于月国库最佳现金持有量，即国库月现金余额为正，就是当月可用于投资的资金额度，此时应以合理的方式进行投资运作，寻求资金增值；如果月末现金余额小于月国库最佳现金持有量，即国库月现金余额为负，此时应通过筹资运作，补足国库现金目标余额持有量，以保证国库预算执行功能的有效实施。如此经过整个财政年度，就可以完成国库一年内的现金管理预测、投资与筹资决策与管理活动[67]。

从市场经济国家国库现金管理的成功经验看，高效的国库现金管理体系要求国库最佳现金持有量尽可能精确到日余额。但是，由于我国国库现金管理起步较晚，而且货币市场以及国库管理制度等条件不够完善，国库最佳现金持有量精确到日余额难度较大。尤其我国正处于经济体制转轨时期，影响国库资金波动的各方面不确定因素很多，在我国新型国库现金管理模式建立的初期，全面的现金流余额与监控体系正在逐渐建立与完善，目前尚难以准确预测到每日国库现金最佳持有量。因此，在建立我国新型国库现金管理体制的初期，应当以月度国库现金最佳持有量为依据进行稳健的国库现金投资运作。

5.1.2 国库现金余额投资运作应遵循的原则

一般而言，任何资金的运用应综合考虑资金的效益性、流动性和安全性，国库现金也不例外。但由于各类资金的性质、来源不同，在管理和运用不同类别的资金时，对于资金的收益性、流动性和安全性需要有所侧重。国库现金属于公共性质的资金，因此，保证安全性是首要的，其次是流动性，在保证安全性与流动性的前提下，使国库现金的收益越多越好[68]。

第一，安全性原则。国库（政府）现金属于公共性质的资金，主要来源于政府税收和国债发行，其最终要投入到政府预算项目中，即国库现金的来源和最终用途都是列入到国家预算的，严格按预算计划执行，国库只是国家预算的执行机构。因此，在投资运作国库现金余额时，首要的原则是保证资金的安全性，即在投资运作国库现金余额时要尽可能地规避风险，不允许发生本金的损失。具体到现金余额的投资组合中，应该尽可能地加重安全性的权重，在必要时候可以牺牲部分收益性。

第二，流动性原则。由于国库现金余额是国库现金流入与流出时间差所形成的临时性沉淀资金而不是长期资金，所以，在投资运作国库现金余额时应充分保证资金的流动性，要求以不影响预算部门的正常资金需要为投资运作的前提，否则，国库现金余额运作就成了舍本逐末。因此，在具体投资运作中，必须选择流动性强的金融工具作为投资对象，当需要资金执行预算支出任务时能及时变现，且不引起较大的本金损失。

第三，效益性原则。提高国库现金使用效率是公共财政的本质要求，但由于国库现金属于公共性质的资金，因此只有在保证国库现金安全性和流动性的前提下，才可以考虑国库现金的效益性。在实际选择国库现金余额的投资运作方式时，首先要选择安全性最好、流动性强的投资工具，其次在同等条件下，选择能够使国库现金余额获得最大化收益的投资方式。

5.2 国库现金余额投资的市场选择

自 2003 年 1 月 1 日起中国人民银行开始对存放于其中的国库资金支付活期储蓄利息（0.72%）①。如果当时国库现金余额按照 4000 亿算，一年才有28.8 亿利息收入。因此，仅仅把现金余额放在人民银行用来生息，显然不是最好的办法。借鉴市场经济国家国库现金运作的经验，结合我国实际情况，应该积极寻求国库现金余额更好的保值、增值方式。我国的国库现金管理目前正处于一个从无到有的建立过程，不能照搬国外哪一个国家的模式，而必须结合我国的实际情况。在金融市场体系中，资本市场收益一般高于货币市场，那么，财政国库现金余额是否应投资于资本市场呢？根据国情，主张将国库现金余额投资于货币市场，而不是资本市场。

首先，由财政国库资金临时闲置资金的特性决定其投资运作只能在货币市场，以保证流动性要求。财政国库资金余额一般是临时性闲置，它最终是要用于完成预算执行任务，在既定的支付用途发生之前只能进行高流动性的投资。因为货币市场的交易运作是以高度流动性为前提的，从理论上讲货币市场的交易是指一年以内的交易，实际上大量的交易合约都在三个月以内。就是说，当投资者购入有关金融资产时，对未来的售出价格和可能性有更加确定的预测，能够在需要的时候迅速售出换回现金。而资本市场交易却不具备这种流动性特点，通常资本市场收益高，风险也较大，一切都在以高收益为主要目标的条件下进行，但是，很可能在需要出售的时候不一定能够出售，或者价格上波动剧烈，产生巨大损失。因此，财政国库现金余额临时闲置的特征，决定了不能为了追求高收益而忽视安全性和流动性，因而，将之投入到货币市场才是合理的选择。

其次，货币市场严格的市场交易规则和良好的监管机制是财政国库资金投资安全性的保障。由于货币市场交易量巨大，交易期限较短，一般都是在高效的中介服务机构严格交易纪律和良好的监管条件下进行的。货币市场交易对进入市场交易的经济主体都有很高要求，一般的市场主体没有资格进入。而且，

---

① 2002 年 2 月 21 日，中国人民银行调整活期储蓄利息率为 0.72%；2004 年 10 月 29 日，又一次调整利息率，活期储蓄利息率仍为 0.72%

货币市场交易一般都要通过在政府和中央银行严格监管下的中介机构进行，这就为交易活动的正常进行提供了良好的安全保障机制。交易的交割日一到，根本不需对方认可，中介机构可以直接划款，实现交割。这种监管机制层次最高、力度最大。财政国库余额资金在这种市场上进行交易，安全性也最高，流动性也最有保证。而资本市场的交易环境要复杂得多，各种类型的交易主体都能直接进入，没有特别严格的准入资格限制，因而对交易的可信度有较大影响，不适合对安全性要求很高的财政资金进入。

其三，我国货币市场已初步具备进行政府性投资的条件。我国货币市场自1998年开始基本走入正轨，到2007年年底已经颇具规模。2007年当年同业拆借交易量达到10.65万亿元。债券市场成交总额62.91万亿元，其中银行间债券市场累计成交60.4万亿元。债券市场托管量达到12.33万亿元，其中银行间债券市场债券总托管量达到11.14万亿元，占全部可交易债券市场总量的93.5%[①]。逐步成熟的货币市场已初步具备进行政府性投资的条件[69]。

5.3 库底资金投资的货币市场工具选择

5.3.1 货币市场投资方式的可行性分析

从国库现金管理国际经验看，国库库底现金的投资方式没有一个统一模式，各国通常按照国情和金融市场情况做出选择。目前，我国货币市场还不够发达，国库集中收付制度和财政预算管理体系不够完善，这些重要的因素导致了我国国库现金运作方式不能完全照搬国外的做法。借鉴国际经验，结合我国债券市场与货币市场发展的实际情况，遵循安全性第一、流动性第二、效益性第三的原则，以国库最佳现金持有量为依据，积极探索合理的国库现金余额投资运作方式就显得十分迫切了。当前，我国货币市场上主要可选择的投资工具包括协议存款、同业拆借、票据贴现与再贴现、国债现券与回购、政策金融债券现券与回购交易、中央银行票据现券与回购交易等。下面将从财政国库现金管理的安全性、流动性和收益性要求出发，研究分析上述货币市场投资方式的可行性。

（1）商业银行定期（协议）存款

商业银行定期（协议）存款是指与商业银行签订存款协议以获取稳定的

---

① 数据来源：《中国金融发展报告2007》，www.pbc.gov.cn

利息收益的投资模式，财政可将部分库底资金以协议利率存入商业银行。按三性原则分析，由于目前财政资金存放于人民银行只能获取活期储蓄利息收入，而资料显示，一般的大额协议存款的协议利率可在同期居民定期储蓄存款利率的基础上最高上浮30%（因资金规模与存款期限不同而不同）。以一年期储蓄存款的 2.25% 年利率（2004.10.29 上调后）为例，其上浮30% 后为 2.925%，上浮 25% 后为 2.813%，上浮 20% 后为 2.7%，上浮 10% 后为 2.475%。显而易见，由于是协议存款，其利率可在基础利率之上做一定调整，这样保证其收益要远远高于目前所获取的活期利率。另外，由于是协议利率，一经确定，在整个存款期内不会再有变动，收益稳定，这在一定程度上避免了投资于其他金融工具所要遭受的利率下调风险，优势突出。协议存款的收益远远高于目前库底资金所获得的利息收入，在特定时期，甚至与一些债券及信托产品收益相当。

目前我国的商业银行，尤其是四大国有商业银行的信用在很大程度上等同于国家信用，对于存款的支付基本上不存在风险，另外，商业银行的人民币理财业务也有保本和收益承诺，从而可以保证国库库底资金存放其中的安全性。再从流动性看，协议存款的流动性较弱。可以加以运用的库底资金主要来源于实行国库集中支付制度以后，因为收入与支出时间差的存在而产生的沉淀资金，而这部分资金已经列入当年的预算计划，预算法规定要求预算在当年必须执行，这就造成了现行法规与协议存款期限要求之间的矛盾。因而可用于协议存款的资金是那些沉淀最为稳定、时间最长的那部分，同时，出于财政对突发事件的应急需要，用于协议存款的资金在整体可运用资金中不应占太大比例。

（2）同业拆借

同业拆借市场是金融机构之间进行短期、临时性资金调剂的市场，也是我国目前货币市场运行中运行条件和环境较好的部分之一，交易成员信誉可靠，操作技术条件优良。我国 1996 年全国银行间拆借市场正式建立，1998 年以后，参与货币市场拆借的成员，不仅有国有控股商业银行，还包括政策性银行、股份制银行、城市商业银行、信用合作社，以及经中国人民银行批准的外资银行、证券公司、基金管理公司、保险公司等金融机构。从发达国家国库现金管理的经验来看，同业拆借不是国库现金余额投资的主要方式，通常仅仅是将为防范紧急支付风险而每日预留的库款余额用于隔夜拆借，以获取收益。但从目前我国的实际情况出发，在中央国库现金管理初期，由于受到国库现金预测准确性的制约，国库现金余额需要保持一个适当的、足够用于未来一段时间支付的需要量。因此，将我国国库现金余额的一部分进入同业拆借市场，是可行和必要的。

（3）票据贴现与票据再贴现

我国银行票据贴现业务起始于 1981 年。但我国票据贴现与票据再贴现业务目前仍然存在一些问题和面临着新的发展要求。从发达国家执行货币政策的货币市场手段来看，中央银行票据再贴现依然是公开市场业务的一个重要辅助手段。而且，一个成熟的货币市场不可能缺少发达的票据贴现与票据再贴现业务。然而，发达国家的国库现金管理一般不介入票据市场，但如果因为政策性因素影响而在一个短期内出现大规模的净现金流入，为平衡工作日之间的现金流入流出，通常会使用其中一部分资金购入高信用等级的商业票据，并在以后选择适当时机通过票据贴现业务实现国库现金的有效流动。应当说，在我国国库现金管理的初期，结合目前我国票据市场发展的现状，国库现金余额尚不宜选择票据市场进行投资，但不排除将来介入票据市场的可能性。

（4）国债现券与回购交易

在发达国家实施国库现金管理的过程中，国债现券与回购交易是最主要的市场操作方式之一。其中：国债现券交易主要表现为中长期债券赎回，它一般是在国库出现大量的净现金流入时采取的操作手段；国债回购交易运用范围更加广泛，它包括国债正回购和逆回购两种方式。应该说，国债现券与回购交易将是我国国库现金管理最主要的市场操作方式之一，它与国债发行相互之间的协调配合，对促进货币市场，特别是国债市场在深度和广度上的发展有十分重大的意义。

（5）政策性金融现券与回购交易

我国政策性金融债券的市场化发行始于 1998 年，经过多年的发展，政策性金融债券已成为我国目前货币市场交易的一个重要组成部分。政策性金融现券与回购交易方式从安全性与流动性考虑，与国债现券与回购交易方式基本相同。但从中央银行货币政策执行的独立性考虑，中央财政国库现金管理不宜介入政策性金融现券与回购交易，地方政府国库资金的投资则另当别论。

（6）央行票据现券与回购交易

央行票据是中央银行为调节商业银行超额准备金而向商业银行发行的短期债务凭证，实质上是中央银行债券。2002 年开始将三种未到期正回购债券转换为相同期限的央行票据 19 只，开始正式发行央行票据 1937.5 亿元，截至 2008 年底中央银行票据发行量已达到 166020.5 亿元。央行票据完全符合国库现金运作的三大原则，一是安全性，央行票据是以中央银行的信用作担保的有价票据，其信用程度不容置疑；二是流动性，央行票据的期限以短期为主，可以在银行间债券市场上流通，银行间市场投资者均可像投资其他债券品种一样参与央行票据的交易；三是收益性，以价格招标的方式贴现发行，收益率确定，而且高于银行同期存款利率。因此，国库现金余额可以选择央行票据作为运作方式之一。

但是，根据发达国家货币市场管理的经验发行央行票据是一种暂时性的公开市场业务操作工具，它最终将被短期国债所代替。如果央行票据与短期国债同时存在，必将形成中央银行与财政部在金融市场"争资金"的局面，不仅可能扰乱基础货币供应量，更为重要的会影响金融市场基准收益率的形成。因此，中央财政国库现金不宜涉及中央银行票据现券与回购交易，而只能与短期国债的发行相互配合，并将短期国债作为国库现金管理的一种重要手段。至于地方政府国库现金余额本文认为可以涉足央行票据投资。

5.3.2 目前比较可行的投资工具选择

简而言之，目前，我国货币市场尚处于初级发展阶段，对国库现金进行投资运作应结合我国货币市场和国债市场发展的现状，可以采取美国模式与英国模式相结合的方法，其比较可靠的投资工具选择是：

（1）在商业银行开设定期存款账户

我国实行国库集中收付制度改革后，巨额的国库现金余额闲置于人民银行的单一账户上，违背了国库现金管理的效益性原则。借鉴国际经验，日本《会计法》规定，日本银行管理的国库资金为国家存款，如因保管不当造成损失，要依民法和商法有关规定予以赔偿，这样，既能刺激中央银行提高对国库存款的使用效率，又能保证财政资金保值、增值。美国财政部在联储开立存款账户的日终现金余额，基本保持在 50 亿美元左右，其余大量现金则存入 13000 多家大型商业银行，即"税收与贷款账户"，赚取更高的利息收入。

根据我国货币市场发展的实际情况，财政部可以考虑在央行的单一账户上保留国库最佳现金持有量，把剩余的现金余额存入商业银行。可以通过竞争招标的形式，在银行业中寻找条件好、服务质量高，利息率高的几家大型商业银行作为存款开户行。为了保证国库资金的安全性，要求中标的商业银行提供足额、高信用等级的金融工具作为担保。相对于活期存款，定期存款可以获得更高的利息收入①。因此，可以将存放于商业银行的比较稳定的国库现金余额部分转换为定期存款，其余部分作为活期存款，存款种类、期限、数额等依据国库现金状况及现金流预测情况加以确定，比如，一个月或三个月，以及一年或更长时间。根据每天国库收支预测，当央行单一账户日终现金余额可能不足国库最佳现金持有量最低限额时，财政部在当天或次日，从商业银行的国库存款账户调入现金补足；当央行账户日终现金余额可能高于国库最佳现金持有量最高限额时，财政部即将多余现金转入商业银行的国库存款账户赚取更高的利息收入，提高国库现金使用效率。同时，在货币市场和国债市场不够完善的条件下，财政部通过在商业银行开设存款账户，可在一定程度上减轻对货币市场和国债市场产生的压力。

（2）买卖央行票据

央行票据实质是中央银行债券。之所以叫"中央银行票据"，是为了突出其短期性特点②。从信用等级上看，可视同于短期国债。

由于我国目前缺少短期的货币市场工具，众多机构投资者只能去追逐中长期债券，带来债券市场的长期利率风险。央行票据的发行将改变货币市场基本没有短期工具的现状，为机构投资者灵活调剂手中的头寸、减轻短期资金压力提供重要工具。央行 2005 年 1 月 4 日发布的公告显示，除节假日外，公开市场业务操作室原则上定于每周二和周四发行央行票据。其中 1 年期央行票据将固定于每周二发行，3 个月期央行票据将固定在每周四发行。由此可见，央行票据的定期发行，为市场提供了基本利率，是在短期国债缺位的背景下不得已而为之的产物。TCL 集团自 2004 年 1 月 2 日开始，采取委托一级交易商中国建设银行购买央行票据的方式进行日常资金投资运作，其实际收益情况（见表 5-1）。

---

① 2004 年 10 月 29 日，央行调整利率后，定期存款的利率为：三月1.71%；六月1.89%；一年2.25%。

② 2003 年 4 月 22 日，中国人民银行开始正式通过公开市场操作发行中央银行票据，后定期发行，中央银行票据期限最短的 3 个月，最长的也只有 1 年；2004 年 12 月 9 日，央行在公开市场首度发行三年期央行票据，创下了央行票据的最长期限。

表 5-1　TCL 集团投资央行票据明细表

期限（天）	面额（万元）	实际收益率（%）	实际收益（万元）
36	15000	2.2355	33
42	15000	2.3528	40.5
42	20000	2.2654	52
181	40000	2.5113	492
181	40000	2.5113	492
181	20000	2.5319	248
84	30000	2.6229	180
89	20000	2.3096	112
85	5000	1.9844	23
13	20000	1.9759	14
46	10000	2.3876	30
46	10000	2.3078	29
56	50000	2.4206	18.5
98	25000	2.4745	165
合计	320000	2.40575（加权）	1929

资料来源：www.cnfol.com，《中国证券报》，2004 年 6 月 28 日

从表 5-1 可以看出：TCL 集团投资于央行票据获得了比较高的收益。因为央行票据完全符合国库现金运作的三大原则，因此，地方国库现金余额可以选择央行票据作为运作方式之一。

央行票据在银行间市场发行，发行的对象是公开市场业务一级交易商，目前公开市场业务一级交易商有 43 家。《公开市场业务暨一级交易商管理暂行规定》（1997 年 3 月 29 日）第三条规定："本规定所称公开市场业务一级交易商是指经中国人民银行审定的具有直接与中国人民银行进行债券交易的商业银行、证券公司和信托公司。"因此财政部门没有资格直接参与央行票据交易，唯一的办法是委托某个公开市场业务一级交易商，即某个信誉好的大型商业银行为代理人，由其代理国库运作央行票据来调剂国库现金余额，但代理行必须听从财政部门国库现金管理部门的交易指令。当国库单一账户不足国库最佳现

金持有量最低限额时，财政的国库现金管理部门可指令代理人在银行间市场上卖出持有的央行票据现券以获得资金和持有期的利息收入，也可以通过回购及时获得低成本的资金，从而能够在保证国库现金需求的前提下获得更高的利息回报；当国库单一账户高于国库最佳现金持有量最高限额时，可指令代理人在银行间市场上买入央行票据现券以减少国库现金闲置余额，提高资金使用效率。

在这里需要指出：国际上一般采用短期国债收益率作为该国基准利率。从长远看，发行短期国债来替代央行票据，使沉淀于市场中的国债所对应的资金收入控制在财政手里，并发挥更多的效益，才是更为理想的运作方式，也是货币政策与财政政策密切配合的必然。① 因此，国库现金参与央行票据现券与回购交易只是特定市场环境下暂时性的运作方式，仅限定在地方国库现金管理的范围内。

（3）短期借贷——参与全国银行间同业拆借市场

同业拆借市场是金融机构之间进行短期、临时性头寸调剂的市场，同业拆借利率一般高于存款利率而低于短期贷款利率。从发达国家国库现金管理的经验来看，同业拆借并不是国库现金余额的主要投资方式，通常他们只是将为防范紧急支付风险而每日预留的最低库款余额用于隔夜拆借，以获取收益。

从目前我国的实际情况出发，我国的同业拆借市场由1—7天的头寸市场和120天以内的短期借贷市场组成。同业拆借是我国货币市场中运行条件和环境较好的部分之一，安全性高，流动性强，交易成员信誉可靠，操作技术条件优良。而且同业拆借的资金主要是为了调剂资金余缺、轧平头寸，一般不投放到实际的经营中，基本上不存在违约风险，本金和利息都有保证。因此，在我国国库现金管理的初期，由于受到国库现金预测准确性的制约，国库现金余额会保持一个适当的、足够用于未来一段时间支付需要的数量，让其中的一部分现金余额进入同业拆借市场，仍然是一种可行的选择。

---

① www. cnfol. com，上海证券报，2005 年 1 月 5 日

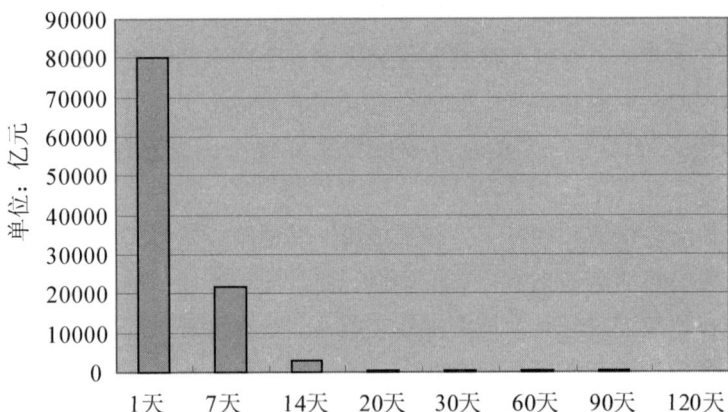

图 5.1　全国银行间同业拆借市场交易期限分类统计表

资料来源：中国人民银行网站 http：//www. pbc. gov. cn 2007 年统计数据

从图 5.1 可以看出，同业拆借的期限主要集中于 7 天和 1 天，这两个品种的交易量分别占总交易量的 20.46% 和 75.43%，合计占总交易量的 95.89%。

国库现金余额参与全国银行间同业拆借市场的具体运作方式：财政部门作为国库现金管理的主体，可以通过竞争招标的形式，在银行业中寻找条件好、服务质量高，信誉好的某家大型商业银行（目前，我国四大国有商业银行信誉以及条件都符合条件）作为代理行，让其代理国库参与全国银行间的同业拆借市场，调剂国库现金日余额。为了保证国库现金的充分流动性，一般选择7 天拆借和隔夜拆借为主。当国库单一账户日现金余额不足国库最佳现金持有量最低限额时，可从代理行的国库存款账户上调入，使国库单一账户保持最佳持有量。当国库单一账户日现金余额高于国库最佳现金持有量的最高限额时，可指令代理行把闲置的现金余额拆借出去，减少国库现金闲置余额，同时获得更高的利息回报。

5.3.3 某省国库现金余额投资组合模拟方案

通过以上分析得知，在目前货币市场与国债市场发展的实际情况下，国库现金余额可以选择的运作方式各有优势。在实际工作中，国库现金余额不可能只选用某一种投资方式，一般是进行一定的投资组合，使投资风险最小化，投资收益最大化。

根据本文实例分析得到，某省级国库在某年 10 月可以拿出 35 亿元国库现金余额进行投资运作，使其增值。在这里，假设了两种比例的投资组合，说明不同投资组合所带来的收益情况（见表5-2）。同时，通过与国库现金余额获得0.72%活期储蓄利率所得（35×0.72% =0.252亿元）相比较，来说明国库现金余额投资运作的收益优势。

表5-2　国库现金余额两种投资组合模拟比较

组合方式	投资方式	比重（%）	数额（亿元）	收益率（%）	收益（亿元）
1	国债	55	19.25	2.4	0.462
	定期存款	30	10.5	2.5	0.2625
	央行票据	7.5	2.625	2.4	0.063
	同业拆借	7.5	2.625	2.4	0.063
	合计	100	35	加权平均2.43	0.8505
2	国债	45	15.75	2.4	0.378
	定期存款	30	10.5	2.5	0.2625
	央行票据	12.5	4.375	2.4	0.105
	同业拆借	12.5	4.375	2.4	0.105
	合计	100	35	加权平均2.43	0.8505

表注：假设以上各种投资工具持有期均为一年；上表中的收益率是根据有关资料推算出来的参考收益率

分析表5-2得到：因为定期存款与国债可以获得较高的稳定收益，而且在我国国库现金管理模式改革的初期阶段，应该采取比较稳健的投资组合，所以在以上投资组合中始终使定期存款与国债投资占75%以上比重；央行票据和同业拆借都有较高的流动性和安全性，且收益率比较稳定，但这两者不是国库现金管理的最理想、最长久的投资方式，因为央行票据最终要被短期国债所替代，所以只能把较小比重的国库现金余额投资于后两者；表中得到平均收益为0.851亿元，是国库现金余额35亿元获得0.72%活期储蓄利息所得0.252亿元的3.38倍，因此，积极的国库现金余额投资运作收益优势十分明显。需要指出的是，上述投资工具和比例不是固定不变的，随着我国市场经济体制下公共财政框架的逐步完善，货币市场与国债市场的发展与成熟，国库现金运作方式会更加丰富，其比例应该根据实际情况进行调配[70]。

5.4 小 结

国库最佳现金持有量是国库现金余额投资运作的重要依据。从市场经济国家国库现金管理的成功经验看，高效的国库现金管理体系要求国库最佳现金持有量尽可能精确到日余额。但是，我国正处于经济体制转轨时期，影响国库资金波动的各方面不确定因素很多，在我国新型国库现金管理体制建立初期，全面的现金流余额与监控体系正在逐渐地建立与完善，目前尚难以准确预测到每日国库现金最佳持有量。因此，当前应以月度国库现金最佳持有量为依据进行稳健的国库现金投资运作。

我国金融市场还不够发达，国库集中收付制度和财政预算管理体系还不够完善，这些重要的因素导致了我国国库现金运作方式不能完全照搬国外的做法。借鉴国际经验，结合我国资本市场与货币市场发展的实际情况，遵循安全性第一、流动性第二、效益性第三的原则，应选择我国货币市场进行投资运作，主要的投资工具可选择协议存款、同业拆借、国债现券与回购、政策金融债券现券与回购交易、中央银行票据现券与回购交易等。某省国库现金余额投资组合模拟结果说明，在我国当前金融市场条件下库底现金余额投资运作的确能够带来可观的收益。

第六章

国库现金管理与政府债务管理的协调配合

从市场经济国家经验看，国库现金管理一般是与政府债务管理政策相结合的。按照国际货币基金组织的定义，国库不单有国家金库职能，更重要的是财政代表政府控制预算的执行、保管政府资产和负债的一系列管理职能。国库现金和政府债务管理的效率以及能否及时准确地为财政管理和宏观经济决策提供完整的预算执行报告，是衡量一个国家国库管理水平的两个关键指标。因此，本章拟从政府现金管理与政府债务管理协调机制的角度，就当前和未来我国财政国库现金管理改革提出一些思路性建议。

6.1 国库现金管理与政府债务管理关系的定性描述

6.1.1 国库现金管理与政府债务管理的职能与目标

首先，关于国库现金管理目标和职能，目前国外财政界虽还存在一些差异，但已形成较为一致的共识：即国库现金管理是通过合理使用政府资金资源，以最佳的方式利用国库现金与交易变现资源，优化政府财务状况，提高预算执行系统效率的管理活动。其目的在于控制支出总额，有效实施预算，使政府借款成本最小化，使政府储蓄和投资的回报最大化，实现财政政策与货币政策之间的协调，从而使政府及其公共组织受益。具体分析，国库现金管理的基本目标在于：①确保在适当的时间和适当的地点拥有适应的资金，有效地控制政府预算收支、高效地执行预算、保障政府在到期支付时履行职责，即高效地管理政府短期现金流，实现国库现金流入和流出在时间上的匹配；②在确保国库能及时取得需要资金的同时，尽量缩小政府在银行系统闲置现金余额规模，以节约成本和降低风险，对国库现金的闲置余额实施成本效益型管理；③促进本国短期债务管理和债券市场发展，减少政府对货币市场流动性短期变化的影响，在集合财政政策和货币政策目标条件下，争取做到最小化债务成本和最大化资源配置效益。

可见，国库现金管理既不是单纯的资产管理，也不是纯粹的负债管理，而是平衡的资产负债管理。在国库现金管理中，安全性、流动性和盈利性具有不同的地位与作用。首先要保证国库现金的安全性，其次要保证较高的流动性，最后是尽可能地争取盈利性。政府没有追求最大利润的可能性及内在动机，但应讲求效益与最大限度地降低成本。可以说，保证国库现金的流动性，是国库现金管理的核心与化解"三性"矛盾的焦点。满足国库现金流动性需求最一般的方法就是资产管理策略，通过持有流动性较强的资产来保有流动性（主要是现金和可流通证券），当需要流动性时，出售部分资产以换取现金直到国库所有的现金需求得到满足。此外，政府也可以采用负债管理策略，通过从货币市场上借款来筹集所需的流动性资金。然而，资产管理并不是一种成本较小的方法。因为出售资产意味着国库丧失了持有这些资产可能带来的利润，而且还要付出一定金额的交易成本。与资产管理相比，负债管理有许多好处。比如，可以便捷地在国库需要资金的时候借入资金，这就不需要在总资产中保存流动性资产，相应提高了国库现金的潜在收益。但是，负债管理策略的风险较大，原因在于货币市场利率的不稳定性，使政府发行债务的成本经常变动，并且难以保证政府在必要时可及时足额地获取流动性资金[71]。

因此，由于负债管理的高风险性与资产管理的高成本性，比较合理的方法就是把两者有机地结合起来，也就是采取平衡的资产负债管理。一部分流动性需求由自身资产来满足，另一部分可预计的、期限远一些的资金需求则通过发行中长期债券来解决，短期性、临时性的现金需求则通过短期借债来满足。从国外国库现金管理的具体实践来看，大多数国家都基本上采取了平衡的资产负债管理策略。各国国库现金管理的具体做法中，发行短期国债、临时借债、货币市场债券回购等都属于负债管理范畴；而货币市场债券逆回购、银行存款变现、定期存款拍卖、发放隔夜贷款等则属于资产管理范畴。总之，国库现金管理不应片面地理解为资产管理或者负债管理，而应是平衡的资产负债管理，这样既有助于保证国库现金的流动性，也有利于实现安全性、流动性与盈利性之间的协调。

其次，关于政府债务管理的职能，美国财政学家阿伯特（C. C. Abott, 1949）指出："公债管理就是选择公债形式和确定不同公债类型所占的比例数量，做出到期公债的偿还和公债以旧换新的决策，确定公债发行的条件和价格、对不同公债持有者的待遇、有关到期公债和新发行公债的政策及其在政府一般财政政策中的地位等。"① 关于政府债务管理的目标，国际货币基金组织/世界银行定义为："建立并执行一个政府债务管理战略的过程，以便增加所需的资金提供量、达到它的风险和成本目标并实现政府设定的其他债务管理目标，比如发展和维护一个有效的政府有价证券市场。与一个谨慎的风险等级相一致，公债管理的主要目标是保证政府融资需求和债务清偿一直保持最低成本。这涉及到债务主管对政府债务资产组合的预期成本和风险之间的权衡进行确定并控制体系的建立。"②

在国库现金管理框架下，政府债务管理具体内容主要包括：①国库库底资金不足时，在全国人大规定国债余额限额内，根据国库库款预测情况，科学、合理安排短期国债发行的时间、利率、品种和应债来源。需要注意的是，短期国债的发行规模是根据国库资金缺口制定的，并不在政府债务管理范畴内。即政府债务管理所面对的是既定规模的国债，包括已经决定发行但尚未售出的新公债，以及已经发行但尚未偿还的旧公债[72]。②国库现金出现盈余时，减少短期国债发行，并使用国库资金灵活还债（如提前兑付国债，或进行灵活的国债调换），积极调节国库暂时闲置的资金，均衡年度内政府偿债压力。

可见，在最低层次上，政府债务管理要研究公债资产组合的结构及组成，包括在币种、利率和到期方面的考虑。政府债务组合通常是一国最大的金融资产组合。它通常包含有风险且复杂的金融结构，并能够对一国政府的资产负债和该国金融稳定产生实质性的风险。因此，政府需要健全的风险管理和合理的公债构成，以降低市场承受风险：筹资风险、流动风险、信用风险、结算风险以及经营风险。近年来，国际上债务市场危机突出了实行健全的债务/风险管理的重要性，以及一个有效且发展良好的国内资本市场的必要性。这可以降低一国对经济衰退和金融冲击的敏感度。政府债务管理者将遇到一些巨大的挑战。最重大的挑战之一是不断增长的，而且通常是相当大量的财政盈余带来的后果，以及对公共债务水平的冲击。由于国内公债市场对于国际和国内的市场参与者都是重要的，政府债务管理者需要决定是否制定一个他们应该保持的国内公债的最低水平。如果那样的话，他们该如何处理剩余资金？他们将采用何种资产管理方式？一个完整的债务管理部门的建立可以促进这种协同方式[73]。

---

① Alberto Giovannini. Government Debt Management［M］. Oxford Review of Economic Policy. 1997, Vol13. No4.

② Sovereign Debt Management，http：//www. storkeyandco. com/index. html. 2005 年 11 月 25 日

从我国和世界上其他一些国家的实践来看，政府通常将公债管理目标界定如下：第一，满足政府财政支出的需要。政府通过发行公债，筹集一定数量的财政资金。因此，"满足政府财政支出需要"，既是公债产生的原始动力，也是政府公债管理的首要目标。第二，调节货币流通，协调社会总供求。在一定时期社会供给能力相对稳定，因此社会供求水平是否协调，主要取决于市场上的货币流通量的大小。而使社会总供给与社会总需求相互协调、平衡是宏观财政管理与金融管理的主要目标。公债活动介于财政和金融之间，具有财政与金融的双重职能，因此，以"调节货币流通，协调社会总需求"作为公债管理目标，不仅具有必要性而且也具有可能性。以"调节货币流通量、协调社会总供求"为公债管理目标，是以政府对社会经济生活干预程度较深、公债规模较大、公债活动已经经常化、制度化为前提条件的。在我国，由于公债规模不断扩大，加之社会主义市场经济的不断发展，这一目标也将成为我国公债管理的主要目标之一。第三，维持政府债券市场的稳定。稳定的政府债券市场的存在不仅意味着政府债券具有足够的流动性，也意味着可以通过避免政府债券价格的大起大落，提高政府债券的声誉，使公债拥有较为稳定的资金来源。正因为如此，各国对维持政府债券市场的稳定都给予了充分的重视，将其作为公债管理的一个重要目标。第四，降低公债成本。公债成本主要由利息费用和公债管理费用构成。降低公债成本主要体现在减少公债利息费用支出、减少公债管理费用。将降低公债成本作为公债管理目标，是财政工作效益原则在公债管理工作中的具体体现。所以，降低公债成本是公债管理的一个重要目标。

许多发达国家制定了全面的政府债务管理目标。其中大多数是在可接受风险水平上确定的最低成本目标或根据降低风险的预期成本确定的最低风险目标。然而，许多国家都很难精确地预见到债务和投资现金流量（特别是在有大量的浮动汇率或短期资产负债的情况下）、政府支出/收入现金流量以及资本流量（特别是在政府积极地推动私有化方案的情况下）。有些国家通过对提供更好的支出/收入现金预测和管理的激励，建立了政府现金管理制度。这些现金流量的协同方式非常重要，有助于政府债务管理者制定借款及投资计划。

综上可见，国库现金管理与政府债务管理虽有各自的职能，所要达到的目标也有差异，但二者密切相连，国库现金管理离不开政府债务管理的配合，政府债务管理目标的实现也少不了国库现金管理与之协调。

6.1.2 国库现金管理与政府债务管理职能的协调

国库现金管理就是在恰当的时间地点用适当的金额以最具成本效益的方式

行使政府职能，而实现这些要通过对政府、银行体系以及每日政府账户现金余额之间的现金流量的精确预测，特别要加强对收支现金流量的预测和管理；更有效、更负责的现金管理流程和业务章程；对固定风险头寸（consolidated risk positions）的管理，以及现金管理和债务管理的统一[74]。可见，国库现金管理和债务管理存在统一协调关系。

（1）国库现金管理需要政府债务管理相配合

首先，短期国债是调剂国库头寸的主要工具。国库现金管理的重点是现金流量和现金余额的管理。在发达市场经济国家，国库现金管理是指国家财政部通过定期发行短期债券和每天运作国库资金等主要方式，实现熨平国库现金流波动和提高国库现金使用效益的目标[75]。国库资金（国库存款余额）的波动主要受到财政收支季节性和发债时间安排这两方面因素的影响。即使财政预算从预算年度来看是平衡的，但是由于政府财政收入流入国库的速率和支出流出国库的速率往往不同步，在某年度中的某一月份可能会出现政府财政收入的流入在后，而支出的流出在前，因而政府财政会发生暂时性收不抵支的现象；或者是在财政预算执行过程中，由于发生临时性故障而导致财政支出增加，财政增收难以及时跟上时，政府可以选择增税或增发国债来缓解。但从政府发行者的角度来看，当国库现金余额出现不足时，为满足政府财政支出的需要，政府选择发行债券筹集资金是最有效的。债券的发行有利于政府现金管理，解决政府季节性现金需求，弥补政府短期预算赤字。例如，美国联邦政府的收入所得税要到每年的 4 月份才能收齐，而在这之前常常出现资金短缺。因此，短期国债的发行可以满足财政部的这种临时性的短期资金需求。如期限为 13 周和 26 周的短期债券每周发行一次，2000 年第二季度每次发行约 160 亿美元，第三季度月发行 180 亿美元。除定期发行外，发达国家还不定期发行 13 周以内的债券，即现金管理债券，以满足国库支出的临时需要。发行债券是美国财政部确保能有足够现金余额的重要手段，也是财政部现金管理的首要工具。借助政府债券的发行，可以有效的熨平国库现金流量的波动[76]。

其次，政府债券期限结构的合理安排有助于改善国库现金管理的压力。在预算收入较多的月份，如果发行中长期国债就会使国库现金增多，不仅不利于国库现金的管理，还会提高政府筹资成本；相反，在预算收入较少的月份，发行中长期国债使国库现金增多，就有利于国库现金的管理。尤其是中长期债券还可成为国库现金市场拆借的载体之一，有助于国库现金管理的有效开展。政府可以定期从二级市场买回长期债券，避免债务平均期限变长，降低债务筹资成本和提高市场流动性。上述举措既可弥补预算收支差额，又有利于国库现金管理。

（2）政府债务管理操作需要国库现金管理的支持

现代债务管理的最佳实践强调，要将债务管理战略放在资产负债管理框架中考虑。因为资产和负债之间不平衡会使政府承受负面的经济冲击，从而引发额外风险。这就要求政府债券的出售与购回必须置于国库现金流量波动状况下考虑。基于国库资金的动态分析，依据 Miller-Orr 模型测算国库最佳余额量，假如限定最低余额为 50 亿元，同时也确定一个常规库存资金数量的控制目标，例如 100 亿元，当国库资金低于或超过这一常规额度时，通过发行政府债券，或央行购买或出售短期债券，使国库资金在满足正常开支的情况下接近常规目标，以追求存量小、管理成本低的效果，并使财政库内资金具有应付突发支出的必要储备。

下图表示国库余额的调节变动[77]。CO 是国库资金的常规数量目标，CO' 是国库资金应保持的最低限额，C 是实际变化的国库余额曲线。国库余额在时间 T_1 最低，在时间 T_3 最高，一般可以在 T_1 发行短期国债，视财政收支情况将期限掌握为 $T_2—T_1$ 或 $T_3—T_1$ 之间，发行金额为国库余额与常规数额之差，即 AB 线段表示的金额，这样，在 T_1 最低处通过发行短期国债提高了国库余额。在最高处 E 点，可以通过偿还国债降低国库余额，偿还额为 EF 线段表示的金额，从而在动态中使国库余额围绕国库资金常规控制目标的上下波动得到一定程度的"熨平"，达到均衡的目的。通过卖出和买进短期债券的方法依此类推，即可以在低点卖出 AB 线段所示债券量，在高点买入 EF 线段所示债券量。

由此可见，在政府现金流量中涉及发行债券的决定，更加成熟的债券买卖政策能够与现金需求相互连接。发行债券的时机应该被考虑在整个一年的现金流量中，通过积极主动的国库现金管理将能更大余地地减弱特定时期的债券销售，以实现保证政府融资需求和债务清偿一直保持在最低成本的目标。

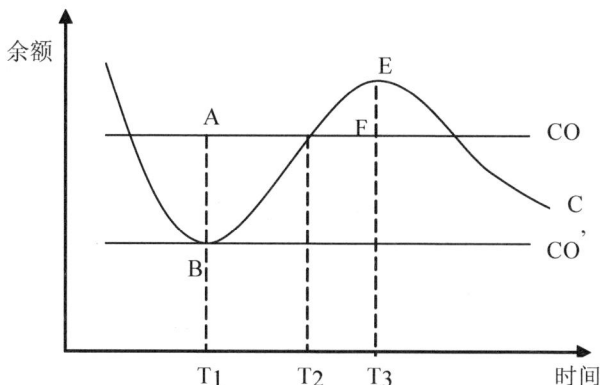

图 6.1　国库余额的调节变动[78]

简而言之，国库现金管理不仅可以减少国库资金闲置，提高国库资金使用效益，控制政府支出增长，还可以减少政府债务增长，使一部分中长期国债被短期国债或其他融资方式所代替，减少政府债务余额和利息支出，降低年度借债净规模，降低国债发行成本等。

（3）国库现金管理可促进国债市场的完善

首先，国库现金余额管理可增强国债市场的流动性。国库现金余额管理是国库现金管理的重点内容，主要通过国库现金余额的投资运作实现。国库现金余额的投资运作主要在货币市场，国库闲置资金投资除商业银行协议存款外，最安全的投资渠道就是国债市场，提前赎回未到期国债或参与国债回购交易，不仅可以减少政府债务的利息负担和投资收益，而且更重要的是还能提高国债市场的换手率、现货交割量，增强国债市场的流动性。国债市场的流动性是市场参与者能够迅速进行大量的国债交易，而不会导致国债价格发生显著的波动[79]。国债市场的流动性可以通过完善利率市场化、加强财政政策和货币政策的配合、发展货币市场等措施来提高，但是不能忽略一个重要的因素——债券交易的参与者、投资者。目前，许多国家在发展债券市场时面临着一个问题，即如何扩大投资者的范围来提高债券市场流动性。更加广泛的投资者不仅带来了交易规模的扩大，而且由于不同的投资者有着更为广泛的风险偏好，从而可以更加平稳度过市场冲击。新型国库现金管理模式下，财政作为一个机构投资者，将国库现金余额投入到国债市场中，其交易活动必然增强国债市场的流动性。

其次，熨平国库现金波动而发行短期国债，可促进国债收益率曲线的完

97

善，有利于国债发挥基准利率的功能。作为货币市场重要组成部分的短期国债市场，对发展货币市场、完善货币市场功能起着至关重要的作用。货币市场为金融系统提供各种金融资产赖以定价的基础——基准利率，从而构成金融市场特别是债券市场和衍生证券市场发展的前提条件。基准利率通常是指在多种利率并存的条件下起决定作用的一种无风险利率，如短期债券利率、同业拆借利率、国债回购利率、互换利率等。不同期限的无风险利率组成了基准的收益率曲线。货币市场从短期和中长期两个方面促成了无风险收益率曲线的形成，其中高信用品质的短期证券（主要是短期国债）的发行确定了1年以内的无风险利率。即使没有这种高品质的短期证券，货币市场中同业拆借利率、（国债）回购利率以及互换利率也可以承担此角色。不过，从金融工具的信用风险和流动性角度来看，市场在长时期里更加愿意接受短期国债作为确定短期无风险利率的载体。例如，像马来西亚、捷克等新兴工业或转型国家曾经将政府机构债券收益率、高品质公司债券收益率以及互换利率作为基准利率，但现在均已转向了短期国债。再比如，美国在克林顿政府时期累积了大量的财政盈余，但为了保证短期国债的流动性，从而确保其作为短期无风险利率载体的地位，美国财政部更多地是减少了中长期国债的发行，尽力保持短期国债的发行规模。在我国，2003年以前由于短期国债的缺位，难以形成一条完整、均衡的收益率曲线。2003年恢复短期国债发行，虽然发行量很少，但对于我国国债收益率曲线的形成起到了积极的作用，为流通市场的国债和其他固定收益类产品提供了定价的参考基准。简而言之，短期国债在拓展金融市场发展中具有十分重要的意义。

6.2　国库现金管理与政府债务管理关系的定量分析

6.2.1 发行短期国债与熨平国库资金流波动的实证分析

（1）国库资金流波动的规律性分析

由于政府国库的月度收支数据不向外界公布，此处的实证分析所采用的数据为2005—2007年国家财政收入与支出的月度数据作为替代数据。目的是分析国家财政收支流的变动规律，以便适当发行短期国债来熨平现金流的波动。在此，大致测算出国家财政在一年内可以发行的短期国债额度。

表 6-1　2005—2007 年国家财政收入、支出及收支差额月度数据表

（单位：亿元）

时　间	财政收入	财政支出	收支差额
2005 年 1 月	3105. 01	1555. 58	1549. 43
2005 年 2 月	2157. 61	1472. 83	684. 78
2005 年 3 月	2520. 57	2180. 94	339. 63
2005 年 4 月	3278. 67	2380. 86	897. 81
2005 年 5 月	2479. 54	1995. 14	484. 40
2005 年 6 月	2850. 28	2836. 03	14. 25
2005 年 7 月	2967. 53	2239. 26	728. 27
2005 年 8 月	2956. 61	2413. 27	− 356. 66
2005 年 9 月	2352. 24	2876. 03	− 523. 79
2005 年 10 月	2952. 50	2187. 95	764. 55
2005 年 11 月	2221. 35	3188. 39	− 967. 04
2006 年 1 月	3870. 98	2227. 88	1643. 10
2006 年 2 月	2534. 60	1559. 67	974. 93
2006 年 3 月	2894. 38	2504. 10	390. 28
2006 年 4 月	4270. 52	2728. 52	1542. 00
2006 年 5 月	3060. 48	2166. 30	894. 18
2006 年 6 月	3374. 93	3414. 62	− 39. 69
2006 年 7 月	4043. 80	2524. 77	1519. 03
2006 年 8 月	2695. 86	2604. 92	90. 94
2006 年 9 月	2876. 76	3426. 17	− 549. 41
2006 年 10 月	3800. 62	2670. 56	1130. 06
2006 年 11 月	2660. 66	3783. 71	− 1123. 05
2007 年 1 月	5196. 01	1870. 86	3325. 15
2007 年 2 月	3045. 54	2543. 71	501. 83
2007 年 3 月	3542. 07	2874. 18	667. 89
2007 年 4 月	5832. 41	3220. 47	2611. 94

时　　间	财政收入	财政支出	收支差额
2007 年 5 月	4107.50	2922.20	1185.30
2007 年 6 月	4394.31	4488.57	-94.26
2007 年 7 月	5212.32	3236.56	1975.76
2007 年 8 月	3495.42	3426.67	68.75
2007 年 9 月	4091.32	4433.11	-341.79
2007 年 10 月	5347.12	3560.25	1786.87
2007 年 11 月	3913.10	4508.19	-595.09

数据来源：http：//info. acmr. cn/index. aspx 整理而得

通过比较 2005—2007 年三年国家财政收入与支出月度数据（见表6-1），描绘出以下两个图（图6.2，图6.3）。

从图中可以看出财政收入与支出是具有规律性的，图 6.2 的 2005、2006、2007 年三年财政收入均在 1、4、7、10 月处于高点，2、5、8、11 月处于低点，3、6、9 月处于次低点。图 6.3 中的 2005、2006、2007 三年财政支出均在 4、6、9、11 月处于高点；除 2007 年 1 月特殊之外，这三个年度中 2、5、7、10 月处于低点，1、3 月处于次低点。这一规律变化所受影响的因素很多，这里不加讨论。在此是要掌握财政收支月度波动规律，以便确定短期国债发行额度，实现熨平现金流波动。

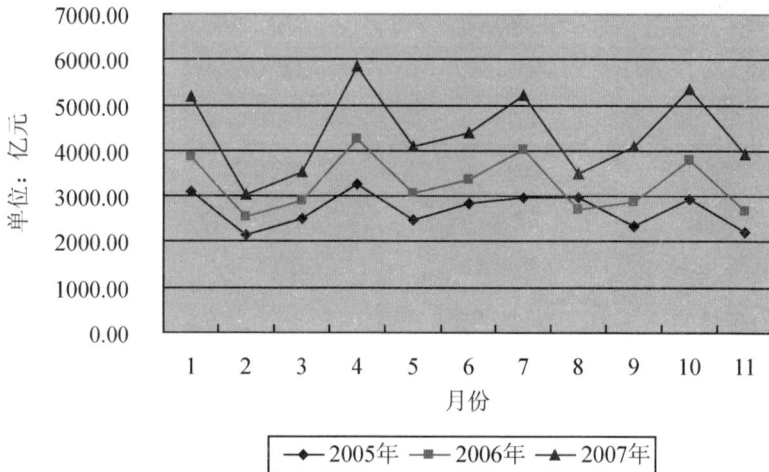

图 6.2　2005—2007 年国家财政收入月度数
数据来源：http：//info. acmr. cn/index. aspx 整理可得

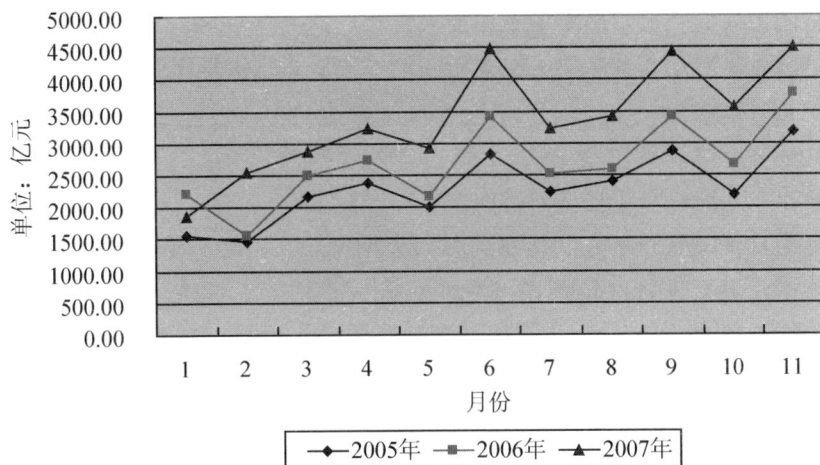

图 6.3　2005—2007 年国家财政支出月度数

数据来源：http：//info. acmr. cn/index. aspx 整理可得

将以上两个图的三年数据连接到一块，并求出两者间的差额，就呈现出以下图形（图 6.4）。

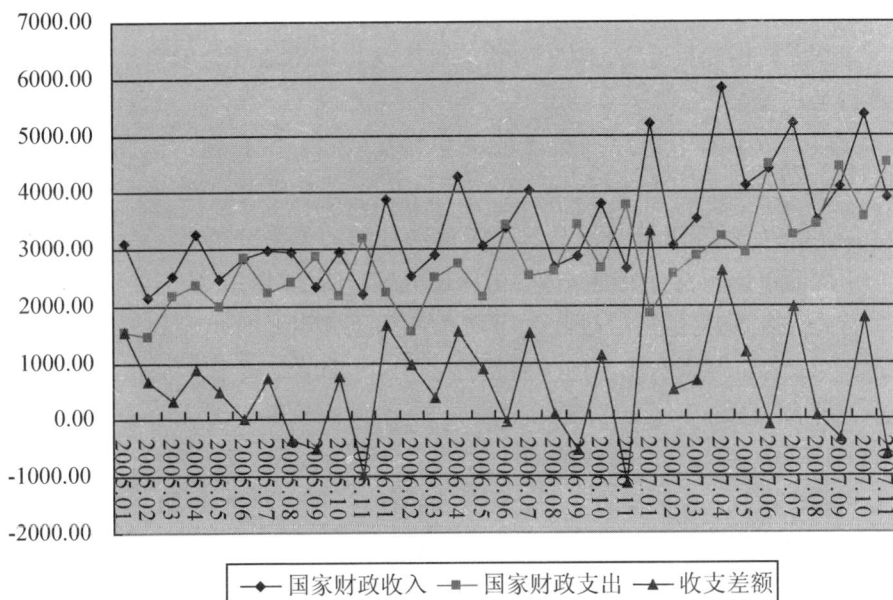

图 6.4　2005—2007 年国家财政收入、支出及差额月度一览图

数据来源：http：//info. acmr. cn/index. aspx 整理可得

101

从图中我们可以看出如下规律：

第一，从财政月收入线可以看出，在 2005 年其每月财政收入在［2200，3200］亿元区间内波动，2006 年其区间变为［2600，4200］亿元左右，而到了 2007 年每月财政收入数额分布在［3000，5400］亿元之内；从上可以看出月财政收入的振幅每年在逐渐增加。

对于月度财政支出，2005 年时其月度财政支出在［1500，3200］亿元区间内波动，2006 年在［1500，3800］亿元区间内波动，2007 年区间则大约变为［1800，4500］；从上可以看出月度财政收支在 2005、2006 年间其振幅变动不大，但在 2007 年时月财政支出数额振幅才逐步加大。

而财政收支差额 2005 年时在［-1000，1500］亿元区间左右波动，2006 年其波动幅度不大，其区间为［-1000，1700］，但是到了 2007 年收支差额波动的区间变为［-500，3300］，即收支差额振动的幅度突然加大。

第二，从三年的差额线中可以看到，在每年的 6 月份出现财政收入与支出刚好相抵、财政收入略有盈余或者略有赤字，即 6 月份的财政资金流量存在较为明显的不确定性。

第三，每年到 8、9、11 月财政支出大于财政收入，出现资金缺口，再结合历史相关数据分析可知，其中每年的 9 月和 11 月存在资金缺口是一种常态，且数额是比较大的。

此时，为了熨平国库现金流波动和弥补缺口，发行短期国债是最好的选择。

（2）发行短期国债与国库现金流波动之间的关系分析

下面简单证明发行短期国债与国库现金流波动之间的关系：

首先，令 X_i 为国家财政收入序列，Y_i 为国家财政支出序列，X_i-Y_i 为差额；目标是保证收入与支出的差额要相对稳定，即波动最小，数学上要求方差最小，可表示 Min D（X_i - Y_i）。对一共 33 组差额数据用 EXCEL 求其序列的方差，D1（X_1 - Y_1）=987379.60。

然后，选取差额波动较大的几个月，发行、回购或赎回短期国债。在选取发行短期国债月份及国债期限上，在此的意图在于：在差额为负值的月份发行短期国债，正好能在差额为正值的月份赎回债券，进而使得差额的波动幅度会减弱；同时能够削弱部分月份财政收支差额的差距过大。当然，在实际情况中，视资金的需求可以灵活地变化安排这种组合。

选取发行短期国债的月份和设计国债期限的步骤如下：

第一，选取差额为负值且比较大的点，在这些点中发现 2005 年 8 月的财政资金余额为 −356.66 亿元，9 月为 −523.79 亿元，11 月为 −967.04 亿元；2006 年 9 月为 −549.41 亿元，11 月为 −1123.05 亿元；2007 年 9 月为 −341.789 亿元，11 月为 −595.09 亿元。

第二，分析发现在每年的 6 月份出现财政收入与支出刚好相抵、财政收入略有盈余或者略有赤字，即 6 月份的财政资金流存在较为明显的不确定性。为保证财政资金能够按时足额支出，避免出现支付危机，可选取每年的 6 月进行短期国债发行。

第三，通过考察表 6-1 发现：当每年 9 月存在资金缺口时，当年 10 月均存在着资金盈余，且该盈余数值大都大于 9 月份的资金缺口数额；同时在 11 月存在资金缺口时，次年 1 月的财政盈余数额都非常巨大。所以在国债发行期限的选择上，9 月一般发行期限为 1 个月的国债，11 月则是期限为 3 个月的国债。

综上，为熨平国库现金流波动以及弥补收支缺口，发行短期国债设想如下：

在 2005 年 8 月发行期限为 6 个月的短期国债 300 亿元，在 9 月发行期限为 1 个月的短期国债 500 亿元，在 11 月发行期限为 3 个月的 900 亿元，偿还期分别是 2006 年 1 月、2005 年 10 月和 2006 年 1 月。而在 2006 年 9 月发行期限为 1 个月的短期国债 500 亿元，其偿还期为当年 10 月；11 月份发行期限为 3 个月的短期国债 1000 亿元，偿还期为 2007 年 1 月。对于 2007 年，则是在 9 月份发行期限为 1 个月的短期国债 300 亿元，11 月发行期限为 3 个月的短期国债 500 亿元。而对于每年 6 月发行的国债期限选取上，由表 6-1 可知，在 6 月份的财政收支差额很小或出现负值的情况下，每年 7 月的财政盈余都非常大，故假设在每年的 6 月份主要是发行期限为 1 个月的国债，这样能够在 7 月份进行偿还，削弱 7 月的盈余峰高。这样一来，2005 年 6 月可发行 200 亿元国债，2006 年 6 月发行 400 亿元国债，2007 年 6 月发行 400 亿元国债。

按上述设想安排发行短期国债后，其财政收支差额的波动就可描绘如图 6.5 所示：

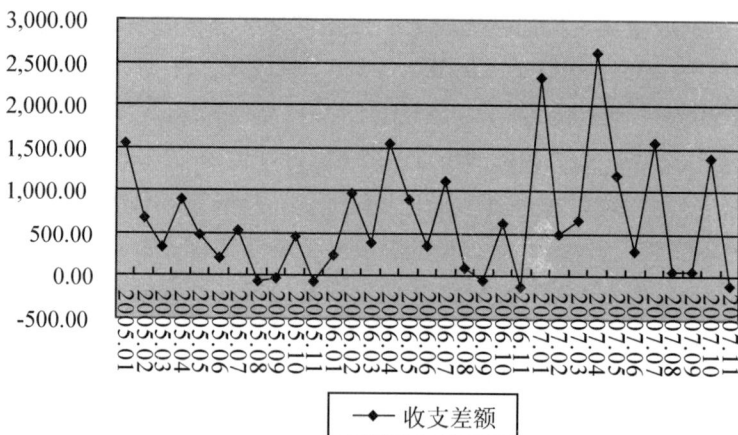

图 6.5　发行短期国债后的财政收支差额图

从图 6.5 可以看出，发行短期国债之后，财政收支余额基本上在 [0，2000] 亿元之间进行波动，并且每一个月基本上不存在财政赤字的问题，没有出现及时支付困难问题。并且，通过对新的一共 33 组差额数据用 EXCEL 求其序列的方差，$D_2 (X_2 - Y_2) = 464356.55$，发现 D_1 与 D_2 相比较，D_2 明显小于 D_1。因此，可以说明短期国债的发行与回购对熨平国库现金流波动是很有作用的，在国库现金管理中短期国债是不可或缺的管理工具。

依据上述分析，为熨平国库现金流波动以及弥补缺口，大致估算出一年内国家财政滚动发行短期国债的规模，即每年发行大概 1600 亿元左右（是按 2005 年 1900 亿元、2006 年 1900 亿元和 2007 年 1200 亿元三年的算术平均值），并且短期国债主要是期限为 1 月和 3 月期的品种。

再结合我国目前最近几年的财政收支流量规律，国家财政一般应该选择资金缺口大的月份（即 9、11 月）发行国债，资金充足的月份（即当年 10 月、次年 1 月为主）回购国债。这样可以考虑在每年 9 月、11 月发行短期国债，每月发行 4 期（假定每周星期三发行一期）。同时为保证每年 6 月财政资金的充足率，可以考虑在 6 月发行期限为 1 个月的国债，同样是分四期发行，每周三发行一期。如果不考虑回购时缺资金又补发的量，一年至少要发行 12 期短期国债。并且发行的短期国债主要是以 1 个月和 3 个月为期限的品种为主。且同时为满足投资者、央行宏观调控的不同时期的需求，完善短期国债品种结构，我们还应于 2、4 月分别发行一期 6 个月和 1 个月期限的短期国债。

6.2.2 债务配合与节省政府成本提高资金效益的实证分析

根据中央银行公布的 2005—2007 年货币当局资产负债表中"政府存款"项目可以整理得到图 6.6，在能够取得数据的过去 36 个月内，中央财政在央行的存款余额波动区间由 2005 年的［7000，11000］亿元增加到 2007 年的［13000，23000］亿元，涨幅将近 2 倍。2005 年 6955.21 亿元人民币的最低余额数量与当年 33930.28 亿元人民币的全国财政支出相比，占 20.50% 的比例；2006 年 8556.98 亿元人民币的最低余额数量与当年 40422.73 亿元人民币的全国财政支出相比，占 20.17% 的比例；而 2007 年该比例更是增长到 25.67%。这个比例与国际上发达国家先进的管理水平，如瑞士的零余额相比已经是非常的高。此外，照此发展势头，我国国库余额这种增长的趋势还会在以后年度继续下去。

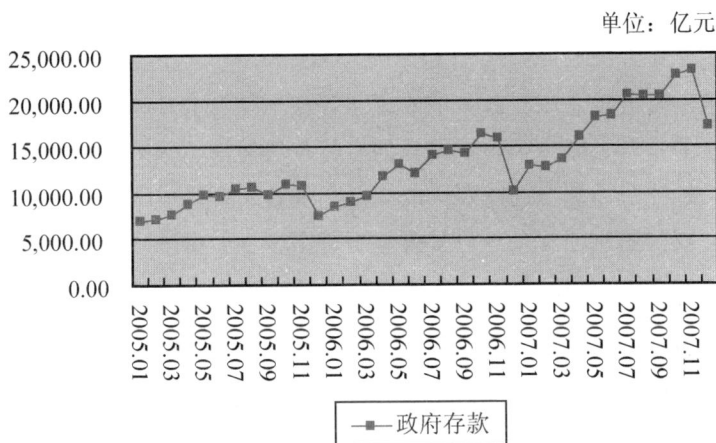

单位：亿元

图 6.6 2005—2007 年政府存款在中央银行账户中的存款余额

数据来源：中国人民银行网站 www.pbc.gov.cn/调查统计/统计数据/2005—2007 年数据整理

国库现金余额的趋高，需要审视它带来的成本及风险。而将国库现金管理与政府债务管理相结合，则可减少国库资金库存成本、降低风险。

首先，国库存款余额较大，并且月现金流波动较大，可通过发行短期国债来熨平波动，调节国库存款规模。2002 年 12 月底政府存在央行的国库存款余额为 3085.43 亿元，而随着国库集中收付制度的改革，国库资金进一步集中在央行，2007 年 12 月在央行的国库存款余额已经达到 17121.10 亿元。此外国库存款月度波动幅度 2002 年在［-500，750］亿元之间，而 2007 年增加到［-200，2500］亿元之间，即政府存款存在着逐年增加的上升趋势①。而当期的政府月度平均财政支出 2002 年为 1837.76 亿元，2007 年则为 4200 亿元左右。依据上述数据计算我国财政国库余额沉淀形成的闲置资金 2007 年为 9733.61 亿元，2008 年为 12448.72 亿元②，并且还处于逐年增加的趋势。如此累积就会形成巨额的财政闲置资金，这就会严重加大政府资金机会成本。

以 2007 年为例，政府在央行的闲置资金余额为 9733.16 亿元。但是我国每年又发行巨额国债获取资金以平衡财政收支。从资金的时间价值和机会成本考虑，这无疑加大了政府成本。10 年期国债平均利率为 4.31%③，则每年要支付的利息为 419.50 亿元（9733.16×4.31%），而政府在中国人民银行的国库存款余额的一部分通过对商业银行招标，按照 3.15%④的商业银行协议存款利率取得收益，所获利息约 306.59（9733.16 亿×3.15%）亿元人民币。照此计算，政府每年会因此额外增加 112.91（419.50 亿 - 306.59 亿元人民币）亿元不必要的融资成本。因此，将国库现金管理与债务管理相结合，在科学预测国库现金流的基础上减少中长期债券的发行，以短期国债来满足因国库现金流量波动产生的临时性资金的需要，的确是降低政府融资成本的极好途径。

其次，减少国库存款余额将其投资于货币市场会带来政府部门的净成本节省，提高政府资金效益。从中国人民银行资产负债表来看，政府在中国人民银行存款的变动以及对钞票和硬币的需求与金融机构存款之间基本存在着负相关关系。图 6.7 可证明这点。

这种关系表明，政府在央行的存款余额变动的对应部分是金融机构余额的变动。从利润的角度而言，政府在金融机构存款余额的减少将使其在央行的存款余额增加，央行将按照 0.72%⑤的活期利息率给政府支付利息；同时金融机构在央行的存款余额减少，中国人民银行将不用按 1.89% 的利息率给金融机构支付利息（实际上央行也没有按 1.89% 的利息率向金融机构支付利息）。结

---

① 国库存款月度波动幅度区间在剔除每年 12 月份非常规的巨额支出数据之后计算出来的。

② 国库余额形成的年度沉淀资金 = 本年度的国库存款平均月度值 -（上年度财政国库存款平均月度值 - 本年度的平均月度财政支出）

③ 这是根据 2007 年发行的 10 年期国债的票面利率进行加权平均计算得来。

④ 该利率为 2007 年中央国库现金管理商业银行协议定期存款中标利率。

⑤ 这是 2003 年国库集中集中支付改革时按照当年的活期存款利率进行支付利息。

果使央行少支付1.17%的利息（即1.89%和0.72%之间的差额，政府余额减少央行将实际以0.72%活期利息率支付利息，而对应的金融机构余额增加，此时央行不用实际支付利息，反而金融部门应以1.89%利率所得利息暂时成为央行的收入）。这表明减少余额会带来政府部门的净成本节省。

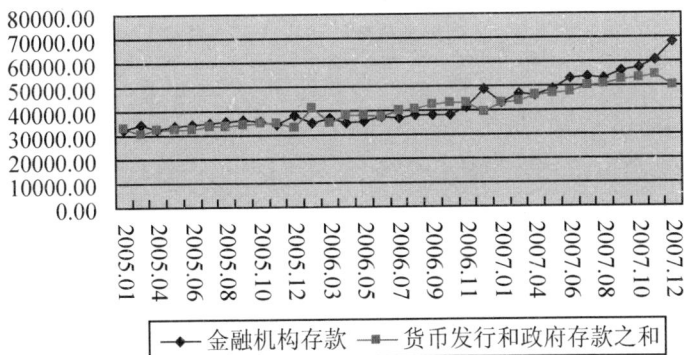

图6.7　金融机构存款在中国人民银行的存款
与货币发行及政府存款之和的比较

数据来源：中国人民银行网站www.pbc.gov.cn/调查统计/统计数据/2005—2007年数据整理

　　更重要的是，从政府资产负债表来看，政府保持过多余额将增加风险，资产和负债的不平衡会使政府承受负面经济冲击所引发的额外风险。假定4000亿元的国库多余余额均由年利率为3.72%的10年期国债融资，随后利率下降0.52%，政府净财富会减少170亿元，这个数字是简单的按照3.72%而不是3.2%来计算额外的赤字融资成本的净现值。这当然只是按照简单假定计算的账面数字，如果利率提高，会有一个类似的账面收益。但是值得强调的一点是，由于保持不必要的高余额，财政部将承受额外的风险，由此导致纳税人将承受额外的风险。

　　考虑到当前国库现金余额较高的情况以及高余额带来的成本与风险，为了避免现金余额对货币政策操作带来较大的压力，韦士歌（2005）同样提出财政部应将其在中央银行账户的现金余额稳定在相对较高水平并保持不变，每月备用存款金额约为1500亿元左右[80]。借鉴国际上国库现金管理模式，国库可以将超过目标余额的国库余额现金投入到金融市场中进行投资运作，最大化地减少政府持有资金的成本。

在目前货币市场与国债市场发展的实际情况下，国库现金余额可选择的运作方式各有优势。在实践中国库现金余额不可能只选用某一种投资方式，一般采取投资组合使其风险最小化、收益最大化。为确保国库现金的安全性、流动性和收益性，依据各金融工具自身特点，将国库现金余额投资于国债、定期存款、央行票据和同业拆借四种金融工具更为适宜，下面通过模拟投资来比较分析。

表6-2　国库现金余额两种投资组合模拟比较

组合方式	投资方式	比重（%）	数额（亿元）	收益率（%）	收益（亿元）
1	国债	55	2200	2.4	52.8
	定期存款	30	1200	2.5	30
	央行票据	7.5	300	2.4	7.2
	同业拆借	7.5	300	2.4	7.2
	合计	100	4000	加权平均2.43	97.2
2	国债	25	1000	2.4	24
	定期存款	50	2000	2.5	50
	央行票据	12	480	2.4	11.52
	同业拆借	13	520	2.4	12.48
	合计	100	4000	加权平均2.43	98

注：假设以上各种投资工具持有期均为一年；表中收益率是根据有关资料推算出来的参考收益率。

根据以上的分析，国库在2004年某月拿出4000亿元国库现金余额进行投资运作，使其增值。在这里，假设了两种比例的投资组合，说明不同投资组合所带来的收益情况（见表6-2）。同时，通过与国库现金余额存入央行获得0.72%活期储蓄利率所得（4000×0.72%＝28.80亿元）相比较，来说明国库现金余额投资运作的收益优势。

分析上表得到：因为定期存款与国债可以获得较高的稳定收益，而且在我国国库现金管理体制改革的初期阶段，应该采取比较稳健的投资组合，所以在以上投资组合中始终使定期存款与国债占75%以上比重；模拟投资组合2中将定期存款的额度增加为50%，是由于政府已经颁布允许国库现金在商业银行存款的规定；央行票据和同业拆借都有较高的流动性和安全性，且收益率比较稳定，但这两者不是国库现金管理的最理想、最长久的投资方式，因为央行票据最终要被短期国债所替代，所以只能把较小比重的国库现金余额投资于后两者；表中得到平均收益为 97.60 亿元，是国库现金余额 4000 亿元获得 0.72% 活期储蓄利息所得 28.82 亿元的 3.38 倍，因此，积极的国库现金余额投资运作收益优势十分明显，政府资金不仅减少了持有的机会成本，还获得不菲的收益。需要指出的是，上述投资工具和比例不是固定不变的，随着我国市场经济体制下公共财政框架的逐步完善，货币市场与国债市场的发展与成熟，国库现金运作方式会更加丰富，其比例应该根据实际情况进行分配。

6.2.3 国库余额投资运作与完善国债收益率曲线的实证分析

成熟的国库现金管理经验告诉我们，若国库资金存在多余余额，要将其放到货币市场中进行投资运作，从上面的分析可以看出，由于资金的特殊性，其大部分将投资于国债市场。这样，国库现金管理机构会成为市场的机构投资者，更重要的是，国库资金的管理及运作都离不开短期国债的配合，短期国债的发行将会促进国债市场发展和完善国债收益率曲线。

下面依据中国债券信息网提供的 2006 年 3 月 2 日 151 只国债的收益率数据，依据 Hermite 模型描绘出我国固定利率国债即期收益率曲线图，将简单比较中国和美国的收益率曲线。目的是从比较中找出中国国债市场存在的缺陷，以及导致国债收益率曲线不能够发挥自身功能的影响因素。

中国固定利率国债收益率曲线

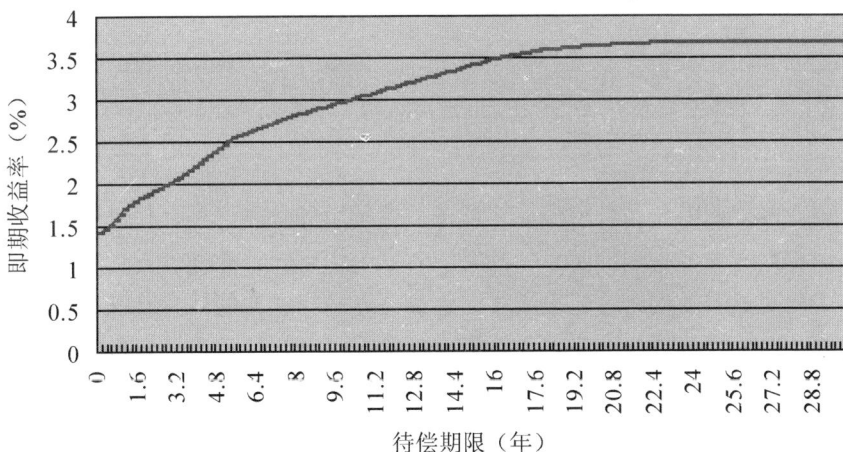

图 6.8　中国国债收益率曲线（2006 年 3 月 2 日）

资料来源：中国债券信息网：www.chinabond.com

从成熟市场经济国家的运作规律来看，发达国家长期国债和短期国债的收益率的差应该比较大。但我国的实际情况与发达国家国债收益率曲线表现出一定的背离。从图 6.8 可以看出我国国债收益率曲线存在明显的扁平化特征，短期收益率过低，国债收益率对国债期限的变化呈纯化状态，也就是说，中国国债市场上长短期国债的利差较小，流动性溢价还不足以弥补长期债券所具有的风险因素。拟合出来的国债收益率曲线不符合理论要求，究其根源还是由于国债市场的现状和市场本身的不足，其中，国债品种期限结构的问题是中国国债收益率曲线呈现如此状态的首要原因。

那么，国库现金管理与政府债务管理协调机制的建立，会促进短期国债的发行和完善国债收益率曲线，使其能更好地表现市场利率，更好地为其他品种金融工具的发行提供较为准确的利率参考依据。2006 年 3 月，我国确定实施国债余额管理制度后，开始增加短期国债品种的发行，并于当年 3 月 15 日发行了一期期限为 3 个月的短期国债。此后还逐渐增加 6 个月期限和 1 年期的品种发行。2006 年共发行短期国债 2121.8 亿元，2007 年共发行 2001.5 亿元。短期国债品种的增加不仅满足各类投资者的投资偏好，而且对于我国国债收益率曲线的形成起到了积极的作用，为流通市场的国债和其他固定收益类产品提供了定价的参考基准。经过 2006 年之后发行短期国债的增加，我国国债收益率曲线得到了进一步的改善。下面同样在中国债券信息网提取 2008 年 1 月 2 日 151 只国债的收益率采取同样的办法描绘出我国固定利率收益率曲线，如下图所示：

将图 6.8 与图 6.9 相比较，显而易见，短期国债的发行使得图 6.9 比图 6.8 中的收益率曲线更加接近于市场经济发达国家的收益率曲线，更符合市场的实际情况。

短期国债期限和品种的多样化形成一定的市场余额，满足投资者、央行宏观调控和国库现金管理的需求。同时，短期国债定时、滚动的发行使得国债收益率表现为短期的点将会越来越多，连接各点描出的曲线将日趋完善，曲线的走向以及趋势将能更好地表现市场资金的需求，会为货币市场管理提供更加准确的信息。当然，在实际确定短期国债发行方案时，要考虑到央行票据发行的周期和期限等更多的实际问题。

中国固定利率国债收益率曲线

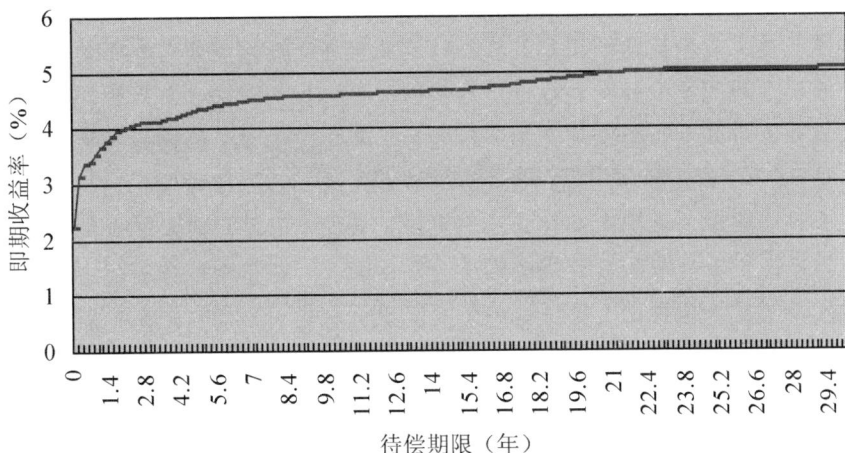

图 6.9　2008 年 1 月 2 日中国固定收益率国债收益率曲线

数据来源：中国债券信息网，www.chinabond.com

6.3　国库现金管理与政府债务管理协调配合的政策建议

6.3.1 建立国库资金动态分析机制

良好的现金流管理为现金预测奠定了基础，现金管理者通过对往年同期现金流状况的把握，可以对常规的现金收入和支出的高峰期和低谷期做出预测，该预测将有利于现金管理者为调整国库现金流提前做准备，使现金余额能较准确地维持在合理水平[81]。根据现金管理理论，现金管理者在管理国库现金的时候同样需要考虑货币的时间价值问题，因此我国国库现金管理应该尽量提前实现收款，努力避免不必要的提前付款，同时尽量避免资金闲置。具体来说，财政部和中央银行要加强国库现金流的统计、分析和预测，要实施国库资金动态分析，将经济活动规律、每日国库收支变动、入库和出库等资金的状况、库存资金规模与结构状况等诸多方面进行比较分析，总结国库资金余额随各种因素变化的规律，研究国库现金预测、预警分析模型，建立操作性强、准确性和自动化水平高的动态分析模型，以提高国库现金操作和国库融资的准确性。

6.3.2 定期、均衡、滚动发行短期债券

短期国债具有信誉高、期限短、变现快、流动性强、抵押价值高、价格波

动小等特点，因而被广大投资者所认同和接受。在政府资金管理中引进短期债券概念，这不仅是货币政策工具，也是一个债务管理和现金管理的工具。债券市场中，在不改变灵活性较小的债务计划情况下，短期国债有助于政府现金流入和流出在时间上的匹配；在经济冲击情况下增加选择性，并减少对准备金余额的需要。定期发行短期债券主要目的是平衡年度内季节性国库预算收支的余缺。从预算收支角度看，在国库现金净流入月份，短期债券发行量和短期债券余额会相应减少；在国库现金净流出月份，短期债券发行量及其余额会相应增加。发达国家财政部门在管理国库现金操作中，一般是根据预算收支状况在年度内的季节性变化规律，并结合分析经济运行态势对当前及未来一段时间的预算收支状况进行科学预测后，决定短期债券的发行时机和发行规模，相机决定如何有效地管理国库现金。

就目前我国的国债结构看，主要是中期国债，虽然在1994—1996年3年间发行过7次短期国债，曾对当时人民银行开展公开市场操作试点发挥了积极作用。但由于不是定期、均衡、滚动发行，后来发行的一些短期国债也远远满足不了央行公开市场操作的需要，弥补短期国债缺口的是由中央银行从2003年4月以来陆续发行和回购的中央银行票据来填补，这种短期票据的增发有利于中央银行对国有商业银行多余的流动性头寸的控制，也为国库现金管理提供了可操作对象。然而借鉴西方国家的做法，央行票据只能作为过渡期的短期操作工具，随着国库现金管理创新的深入发展它最终要由短期国债所替代。今后我国应逐步做到定期发行短期国债，每季度每次发行额大致相同，便于投资者形成稳定的预期和投资决策；而季度之间每次发行额有所不同，它是根据季度国库收支预测决定的；逐步提高短期债券余额占全部可流通债券余额的比重，相应减少中长期债券余额，以降低债务总体筹资成本；重点发行1月期、3月期和6月期国债，逐步形成短期债券的基准收益率，最终取代1年期银行存款利率成为长期浮动利率债券的利率基准。除此之外，发达国家还通过不定期地发行期限在13周以内的债券，即现金管理债券，以满足国库支出的临时性需要。其筹资成本高于定期发行的短期国债。

近几年来，债券登记托管系统和资金清算系统的改进，而且短期国债以无纸化或记账式发行和交易的设施已经存在，使我国发行短期国债的技术条件基本具备。不过，一方面现行存款准备金制度在某种程度上不利于短期国债的定期、均衡和滚动发行。较高的准备金利率，既不利于降低短期国债的筹资成本，也不利于形成合理的利率期限结构，因此应逐步予以适当降低，同时还需降低法定准备金率[82]。另一方面由于目前短期债券市场仍存在市场分割，银行间市场流动性不足，缺乏竞争性和多样性托管机构的分离，致使阻碍了交易市场和银行间市场的统一，这些方面需要改进。

6.3.3 国库资金余额进入货币市场投资运作

国库现金无论直接进入货币市场，还是存入商业银行账户都需要一个具有较高流动性和安全性的货币市场作为支撑。同时，国库现金存量大小以及现金余额的投资运作，将对货币政策产生影响。

国库存款作为中央银行基础货币的重要组成部分，其现金流入、流出对全社会资金流量和货币供应量有着重大的影响。当国库现金收入小于支出时，财政净支出增加，引起社会资金流量的增加，从而产生银根松动效应；反之当国库现金收入大于支出时，引起社会资金流量的相应减少，从而产生银根紧缩效应。因此，国库现金管理的实施，使国库现金在中央银行与商业银行之间重新分配，给中央银行控制基础货币将带来新的变数。与此同时，规范的国库现金管理能促进货币市场的发展，一方面可以抵消财政在央行账户上的现金流入和流出，进而消除货币市场短期流动性变动的一个主要影响因素，直接消除了央行流动性预测中的一个不确定因素，在一定程度上减少货币政策运行中的麻烦，降低短期利率的波动性和货币市场的不确定性；另一方面，国库现金进入货币市场，对货币市场将产生巨大的产品需求，对加快金融产品和交易工具的创新产生巨大的促进作用。

发达成熟的货币市场为国库现金的日常操作提供了必要前提，也是开展国库现金管理的重要条件。发达国家的国库现金日常操作有两种模式，一种是美国模式，即国库大量现金存入大型商业银行的"税收与贷款账户"，赚取利息收入；一种是英国模式，通过卖出或回购所持有的金融工具，以及买入或回售所持有的金融工具直接进入货币市场进行日常操作。无论是哪种模式，从提高国库现金管理安全性、效率性角度考虑都需要以一个具有较高流动性和安全性的货币市场作为支撑[83]。但是，我国货币市场尚处于初级发展阶段，明显滞后于资本市场的发展，呈现不协调的特征，交易品种比较少，参与主体比较单调（主要是银行），市场流动性也不强。国库现金进入货币市场，将打破货币市场供求的短期平衡，导致货币市场价格的波动，对货币市场产生巨大的冲击。

因此，配合国库现金管理改革与创新，必须逐步建立一个竞争有序、品种丰富、参与主体多样化、市场流动性很强、统一高效的货币市场，为国库现金管理运作提供良好的市场环境。目前，我国货币市场的完善要以扩大市场容量、丰富交易品种、创新交易工具为重点，以建立场外市场为主，场内市场为辅，安全、高效、开放的市场为发展目标，为国库现金管理搭建一个好的平台。同时，中央银行要不断创新金融品种，调控基础货币，并为国库现金管理提供丰富的筹码，进一步促进国库现金管理与货币政策的协调配合。

6.3.4 定期发行或提前赎回中长期国债

我国国库资金来源中的债务收入部分中，中长期国债占的比重过高。2004年，我国中央财政预算总收入13819亿元，国债发行总规模为7022亿元，占50.8%①，其中中长期国债占绝大多数。当国库现金较多时，大量现金会沉淀在中央银行国库账户上，造成资金闲置浪费；当国库入不敷出时，往往是靠发行中长期国债予以补足，筹资成本较高，而且灵活性差。

定期发行中长期国债对国库现金管理也有重要的影响。通常在预算收入较多月份发行中长期国债会使国库现金较多，不利于国库现金管理；在预算收入较少月份发行中长期国债则较有利于国库现金管理。与此同时，中长期国债发行数量也应随预算收支状况的变化做相应调整：当预算收支状况恶化时，应增加中长期国债的期限种类、发行次数和发行数量；反之则应减少。还可采取定期从二级市场买回或提前赎回中长期国债的措施，它既可避免债务平均期限变长，减少政府债务余额，又能扩大当前国债发行量，并能提高国债市场流动性。这些措施既可以弥补预算收支差额，又有利于现金管理和债务管理的协调配合。

现阶段我国急需找出预算收支本身的月度变化规律，同时还需做好对今后一段时间预算收支变化的预测工作。在国债品种设计上，除重点发行1月期、3月期和6月期国债外，还应定期、均衡和滚动发行2年、3年和5年的可上市流通的固定利率国债，在市场条件成熟时还可定期、均衡并滚动发行7年、10年、20年乃至30年期国债，使它们成为市场上规模较大的基准国债。这既有利于逐步形成一条较为完整与可靠的收益率曲线，又能为今后开办以基准国债作为基础资产的期货、期权和本息拆离等衍生产品市场创造条件。

6.3.5 明确财政部、国库和银行之间的关系

在宏观经济运行中，建立财政、央行两大部门间的"磋商协调"机制、

---

① 数据来源于：《中国财政年鉴2004》. 北京：中国财政出版社，2004年12月。

明确二者之间的关系，合理划分财政、央行在国库现金管理中的责权利，建立专门的财政与央行工作协调委员会或松散的经常性沟通渠道，将有利于整个财政管理系统的良好运作，有利于政府现金管理系统的建立，确保财政、货币政策的协调执行。财政政策和货币政策只有具备协调联动机制，才能促进国民经济的健康发展。为了使国库能有效地管理现金流，同时实现对预算执行的监督，就必须改变原来中央银行全权执行国库职能的状况，设立专门的国库机构，具体从事资金支付、会计核算、监督检查等项业务。根据国际经验，经财政部同意，中国人民银行代理国库办理政府收支的资金清算业务，承担为国库存款支付利息的责任，同时通过运用货币政策操作来管理国库资金，因此在目前财政资金委托代理制下，国库和中央银行之间也需要明确之间的关系。中央银行受财政部的委托，通过信息系统向财政部和国库管理者及时提供准确的资金使用信息，有利于加强对预算执行过程的监督；中央银行通过市场运作，管理国库库存现金，有利于提高公共资金的使用效率；中央银行为财政部管理"国库单一账户"系统，从而有效地避免在一个财政年度内，有的部门出现了大量闲置的资金，而另外一些部门却存在着资金匮乏的情况。因此，不管政府的现金管理采用何种模式，都需要财政部与央行就以下方面达成一致：来自财政部关于政府预期现金流和在央行余额的信息；财政部得到政府在央行实际金额（接近于实时）的信息；账户回报参照市场利率；需要保证中央银行和财政部分享彼此的预测，或者将彼此的资源结合到一起形成一个共同预测，等等。

各项国库现金管理操作都不同程度的影响到货币供应和市场利率。由于国库现金管理目标和出发点均与货币政策有所不同，因此，为避免与货币政策相冲突，应与中央银行公开市场操作等货币政策调控部门建立密切的协调配合机制，确保政府各项政策协调执行。

6.3.6 成立专门的管理机构承担国库现金管理职责

在过去 15 年间，许多 OECD 国家已经极大地改变了他们的公共债务管理模式。这些国家的公共债务管理以前只是贯彻有关财政和货币政策，而现在，他们已拥有独立的债务组合管理目标（即在成本与风险之间实现平衡），并与其他公共政策相协调。由于各国政府采取不同的方式来加强债务机构建设、对市场导向的债务管理模式重视程度不同，以及债务管理政策与其他公共政策之间的联系程度不同，因此，各国的债务管理制度安排也大相径庭。和其他制度问题一样，一国究竟采取什么样的制度安排，在很大程度上要取决于各国的特定环境，如国内金融市场的发育程度；货币政策和债务管理政策是否相分离（如债务经理是否通过一级市场融资，而中央银行能否通过二级市场管理货币政策?）；债务局和中央银行的体制及人力资源状况等。每一种制度安排都有优缺点。不过，这些 OECD 国家都有一个共同之处：他们通过对其债务管理政策、程序和组织结构进行全面评估，正在逐步建立"现代"债务管理机制。

因此，为了通过战略债务管理降低债务组合总体风险，有必要将所有债务管理职能赋予给单一的债务管理局，并明确规定其目标和绩效基准；将债务管理职责从中央银行中剥离出来，以避免货币管理目标与债务管理目标之间的利益冲突，这包括停止以中央银行的名义发行公债。各国政府需要权衡各种制度安排的利弊，并最终采取某种折中方案。理想状况下，可以由财政部内部的一个专门机构管理公共债务，这个机构应有清晰的治理结构以及高素质且忠诚的职员。如果这个方案不可能，那么政府可能就得在财政部内部寻找"代理人"，甚至是设立一个单独的债务管理局，从而不得不考虑如何解决委托代理问题。该机构离财政部控制范围越远，委托代理问题就越严重。尽管在过去的 10 年中，许多新兴市场国家和转轨国家在公共债务管理改革方面取得了一定进展，但仍迫切需要强化相应机构的能力、提高债务管理水平。为此，应该加快专业人才的培养、发展国内债券市场、增强债务分析监控能力、开发考虑预算影响的风险量化模型，以及监督并管理或有负债。

由于社会经济发展中常常面临着自然环境和社会发展过程的不确定性，政府需要一些现金余额。这时，涉及现金余额的规模控制及现金余额的流动性。现金余额大，影响政府现金运用的效益；现金余额小，影响政府应付公共风险的能力；流动现金的安全与增值，会提高政府现金运用效率；流动现金的投资失败，会影响政府现金运用效率以及政府应付危机的能力。政府国库管理在配合货币政策及财政政策下，可以为政府现金管理消除这些不确定性。不仅提供政府多余资金安全性高的投资工具，还可以补充资金余额及熨平波动[84]。上述国外专家的建议十分值得我们重视，我国也应考虑建立专门的债务管理机构。

6.4　小　结

本章旨在探讨政府现金管理与政府债务管理协调机制。首先，就国库现金管理与政府债务管理之间的关系进行定性分析，认为政府现金管理目的在于控制支出总额，有效实施预算，使政府借款成本最小化，使政府储蓄和投资的回报最大化，实现财政政策与货币政策之间的协调，从而使政府及其公共组织受益；公债管理的主要目标是保证政府融资需求和债务清偿一直保持最低成本。然而，许多国家都很难精确地预见到债务和投资现金流量、政府支出/收入现金流量以及资本流量。有些国家通过对提供更好的支出/收入现金预测和管理的激励，建立了政府现金管理制度，现金流量的管理有助于政府债务管理者制定借款及投资计划。可见，国库现金管理离不开政府债务管理的配合，政府债务管理目标的实现也少不了国库现金管理与之协调。其次，从发行短期国债与熨平国库现金流波动关系、二者相结合有助于政府节省成本、提高财政资金效益，以及国库余额投资运作可以完善国债收益率曲线三个方面进行了量化实证分析，实证分析的结论都支持了定性分析中的观点。最后，提出六个方面关于国库现金管理与政府债务管理协调配合的政策建议。

第七章

国库现金管理与央行货币
政策管理的协调配合（上）
—— 国库现金管理模式对央行货币供给量的影响分析

　　根据前述国库现金管理新模式的设想，财政部门自主管理国库现金余额并将库底资金在货币市场投资运作获取资金增值收益，这可能打破原有货币市场供求平衡状况，影响央行货币政策执行的效果。可以说，国库现金管理与央行货币政策管理的协调配合问题在原有国库委托银行代理制下尚未显现，但在探讨建立新型国库现金管理体制的过程中，国库现金管理与央行货币政策管理如何协调配合，怎样防止国库现金运作对货币市场的冲击，保证财政政策与货币政策相协调、共同实现宏观经济调控目标，等等问题是新体制安排中最令人深思且影响决策的重大问题。

　　这个问题的研究思路是：首先假设在保证资金安全性前提下，将超出最佳现金持有量的国库存款（现金）余额投资于货币市场，挖掘财政资金新的增值渠道，追求财政资金效益最大化；其次，基于上述假设，对我国国库现金管理与央行货币供给量之间的关系进行定性分析；再次，在定性分析的基础上，实证分析国库现金管理活动对货币政策以及货币市场的影响。将利用计量经济学方法，分析国库现金余额波动对央行基础货币量的影响、国库余额投资运作将会对货币市场造成怎样通的冲击，并提出相关结论与政策建议。最后，分析央行票据被国债取代的必要性与可能性。总之，本部分内容将分为三章阐述，目的旨在协调国库现金管理与央行货币政策管理之间的关系，探寻二者协调配合的制度安排思路。

7.1　国库现金管理与央行货币政策关系的定性分析

7.1.1　国库现金管理与央行货币政策管理关系一般性描述

国库现金管理作为市场经济国家财政管理活动的主要组成部分，是在严格、规范的制度约束下，财政管理活动与市场经济的有效结合，是提高财政效率的有效体现，也是实现财政政策与货币政策协调配合的有效手段。在国库单一账户体系下国库存款已成为央行掌握的基础货币的主要来源，国库资金的收支状况会对整个社会的资金流量产生影响。当国库资金收入小于支出时，财政净支出增加，相应也会引起社会资金流量增加，从而产生银根松动的效应；当国库资金收入大于支出时，财政资金集中于中央银行，社会资金会相应减少，从而产生银根紧缩效应。国外市场经济国家大都将国库现金管理与央行公开市场操作相结合。如大部分 OECD 国家财政在央行开立国库单一账户，办理政府收支的资金清算业务，中央银行收取手续费，同时为国库存款计付利息。这样国库存款就成为央行掌握的基础货币的主要来源之一，从而使国库现金管理处于财政管理与货币管理的结合部地位，使国库现金管理有可能成为协调财政政策与货币政策关系、提高宏观调控政策有效性的重要手段。因为，一方面，国库现金流量的准确预测和有效管理，能够减小中央银行基础货币波动的不确定性，提高中央银行货币供给的稳定性；通过中央财政与中央银行的有效衔接，中央财政可以利用国库现金头寸进行货币市场操作来配合中央银行的公开市场业务，提高中央银行稳定货币市场的能力，抵御恶意资金对币值稳定的冲击。另一方面，OECD 国家的央行在对国库资金进行动态分析的基础上，把货币政策操作与国库现金管理紧密结合起来，部分 OECD 国家的中央银行还有制定融资计划的权利，当国库账户出现入不敷出时，为满足政府日常支出的资金需要，中央银行为政府账户发行债券筹集资金，当国库资金出现盈余时，及时利用剩余资金向商业银行发放贷款或通过公开市场购买债券，使国库资金的持有成本最小化。既有利于中央银行对全社会货币供应量的调控，同时又有利于满足政府支出的需要，并可减少持有国库资金余额的净成本。

国外市场经济国家的中央银行把公开市场操作与国库现金管理紧密结合的做法，说明了国库现金管理与央行货币政策管理之间存在着内在联系，国库现金存入中央银行即转化为基础货币，如果大量沉淀于中央银行就会产生明显的收缩货币供应量效果，从而对实施扩张性货币政策产生消极作用，因而二者必须协调配合。同时，国库现金管理能够配合中央银行货币政策的有效实施，由于国库现金波动频繁，会直接削弱中央银行控制基础货币能力，影响金融市场利率信号和信贷信号的准确性。通过国库现金管理，对国库现金流进行预测调控，不仅可以避免对金融市场产生不利影响，还可以有效地配合中央银行货币政策的实施。而在我国，因为处于计划经济向市场经济体制转轨时期，新旧体制交替，国库现金管理与央行货币政策管理之间关系更为复杂一些。我们需要分析不同国库现金余额管理模式对货币供给量的不同影响。

7.1.2 国库现金余额管理模式对货币供给量的影响

众所周知，货币政策的有效实施主要通过基础货币控制、利率控制和信用控制来实现，财政国库现金余额作为基础货币的重要组成部分，其存在和变动都直接影响货币供给量乃至货币政策执行的有效性。首先从国库现金余额存在的角度看，如果中央银行没有将其运用于再贷款或公开市场操作，就会减少中央银行的货币供应量，并降低金融市场的货币周转次数，影响货币流通效率；如果中央银行将其运用于再贷款或公开市场操作，就会转化为中央银行的基础货币，通过货币乘数的作用增加中央银行的货币供给量。其次，从国库现金余额变动的角度看，如果财政国库现金余额的日常波动幅度过大，就会影响央行对基础货币量的调控，增加中央银行通过公开市场操作执行货币政策的难度，影响中央银行为金融市场提供市场信号的准确度。当然，国库现金余额对央行货币供给量乃至货币政策的影响直接取决于国库现金余额管理模式。国库现金余额管理模式被潘国俊归纳为三种（2004）：①中央银行经（代）理国库现金管理；②国库现金存入商业银行；③国库现金直接进入货币市场进行短期投资[85]。上述三种模式并不是绝对分离的，很多情况下，财政部门是综合采用两种或三种模式进行国库现金管理。例如，一部分国库资金余额可存在央行，一部分存放商业银行获息，还有一部分沉淀现金投资到货币市场获取投资收益。不同的国库现金管理模式对货币供给量的影响不尽相同，当国库现金管理模式变换时，必须考虑这种转变对货币供给量的影响。尤其在我国新旧管理体制交替时期，这种影响将更复杂。

（1）传统的央行代理国库现金管理的模式下，国库现金余额是央行基础货币的主要来源之一

央行代理国库制度下，中央和地方财政资金的入库和资金的拨付都通过中央银行结算系统进行，中央银行不对国库内财政资金的沉淀部分支付利息，财

政部门也不用支付手续费给中央银行。在央行代理国库制度下，财政国库现金余额自然是央行基础货币的组成部分，财政资金的支出拨付，不仅是财政国库现金余额的变量之一，也是货币供应量的重要变量之一，当国库资金余额增加时，相当于资金回笼，直接减少了流通中的货币量。从银行的角度看，相当于资金从商业银行流向了中央银行，货币供给量减少；相反，当国库资金余额减少时，相当于资金从央行流向商业银行，在性质上就是投放基础货币。

央行代理国库制度是在市场经济发达国家的早期阶段和实行计划经济体制的国家存在过的一种初级的国库现金管理模式。财政部门没有对国库资金进行理财的观念，国库资金不能体现自身的时间价值。我国建国以来一直实行这种国库现金管理模式。随着国库集中收付制度的推行，国库现金余额的剧增及波动幅度加大，一方面要求政府更加有效地管理大量闲置资产，提高财政资金效率，另一方面又对银行基础货币量的掌控和货币政策操作带来了更多不确定性。从2001年国库管理制度改革伊始，国库现金管理被纳入了国库管理制度改革的统一体系。重视国库资金的时间价值，积极管理国库现金的改革势在必行。从2001年开始，为分散外汇风险，降低外债发行成本和提高外汇收益，中央财政通过定期协议存款和币种交易两种方式进行了外汇管理的尝试，为我国国库现金管理的开展提供了有益借鉴。2002年财政部与中国人民银行联合发布《国库存款计付利息管理办法》，决定从2003年1月1日起，对国库存款按中国人民银行规定的单位活期存款利率计付利息。国库存款计付利息制度的实施，改变了国库资金传统管理办法，意味着我国国库现金管理改革正式起步。

（2）国库现金余额存入商业银行的国库现金管理模式中，国库资金运动直接影响货币供给量

在一些市场经济较发达的国家，国库资金在央行保留一定余额以后，其余的部分存放在经过招投标产生的商业银行。例如，美国联邦财政部在美联储保留50亿美元的库底资金之后，其余国库资金都存放在中标的商业银行，财政部收取存款利息同时支付手续费。此外，为了保证财政资金的安全性，需要商业银行提供信誉度较高的抵押品予以保证，如等额的国债或优秀的企业债券。商业银行可以把这部分财政存款当作普通私人部门存款，在一定范围内运用，比如发放企业贷款或者进行短期投资。这种情况下的政府存款与企业存款性质相同，直接影响货币供给。

但目前在我国情况却要复杂得多。在央行代理财政金库制度下，实际上财

政资金很大部分分散在各预算单位在商业银行开立的存款账户上，在 2001 年实行国库集中收付制度之后，国库资金反而更加集中于央行国库单一账户，财政资金在商业银行的存款呈减少趋势。财政国库资金存款量在中央银行与商业银行之间存在此涨彼消的变化关系，必须搞清楚这种变化关系，并在此基础上来分析国库现金管理模式变化对央行基础货币量的影响。

（3）国库资金余额直接进入货币市场进行短期投资将会影响货币供给量、冲击货币市场

财政部门在中央银行保留了一定余额的库底资金，剩余财政资金可以用在货币市场进行短期投资，以获取短期投资收益。如英国财政部在保留 2 亿英镑在英格兰银行后，其余资金可以在货币市场上从事国债、优秀企业债券买卖和回购等短期投资活动。美国各州和地方财政局普遍采用这种模式管理国库现金。与此同时，用专门的法律规定国库资金的投资范围和种类，并要求加强投资的透明度，以降低投资风险，保证国库现金投资的安全性。因为政府资金可以从事短期投资，那么就要视投资的渠道和方向来分析对货币供给量的影响。如果政府和正常企业一样在货币市场上进行投资活动，那么，在很大程度上可以视为正常企业对待。虽然中央银行的货币政策对这部分政府资金的投向影响不大，但是政府资金对货币供给量形成影响，中央银行在执行货币政策时应该考虑这部分资金的规模和投向[86]。假设财政将一部分现金投资于国债市场，若是从企业手中购买则意味现金投放，流通中现金增加，若是向央行购买则流通中现金没有增加。

在新型的国库现金管理模式中，最引人注目的就是利用国库资金余额进行货币市场投资运作。在目前我国货币市场投资主体单一，主要是银行及少量机构投资者的情况下，大量国库资金的加入，一方面会增加货币市场需求，增强市场流动性，另一方面因为国库财政资金投资目的是追求财政资金价值的增值，可能其操作与央行货币政策操作意图相冲突，影响货币政策执行效果。因而，研究国库资金投资运作对货币市场将造成怎样的冲击就显得尤为重要。

综上可见，新旧两种国库现金管理模式下，国库资金的存在及其运动既影响央行货币供给量又影响货币政策执行效果。不同的是，传统国库现金管理模式下国库资金运动仅仅通过影响基础货币量的变动来影响货币政策效果；新模式下，国库资金运动除了影响基础货币量变动外，由于进行国库资金运作，国库资金运动主要通过影响货币市场的运行及其相关因素来影响货币政策传导（机制），进而影响货币政策效果。当然，这些结论尚需验证。

7.2　国库现金管理对货币政策影响的实证分析

7.2.1 国库存款和货币供给量之间的关系

（1）国库存款和货币供给量存在相关关系

潘国俊（2004）利用 2000 年 1 月到 2003 年 1 月政府存款与 M_2 的数据进行 Speraman 相关性检验，得出政府存款与 M_2 相关[87]。本文利用 1995—2005 年财政存款与货币供给量的季度数据进行相关分析①，分析的结果如表 7-1 所示：

表7-1　政府存款与货币供应量的相关系数表

政府存款和 M_0		政府存款和 M_1		政府存款和 M_2	
1.000000	0.886018	1.000000	0.913801	1.000000	0.915468
0.886018	1.000000	0.913801	1.000000	0.915468	1.000000

从表 7-1 可以看出：政府存款与货币供给量 M_0、M_1、M_2 都有高度的相关性。但是，近年来我国政府部门的国库现金余额变动是否构成了中央银行的基础货币，国库现金余额的变动是否对货币供应量产生影响？仍然需要我们进行更深入的分析。

图 7.1 是我国财政存款对数序列图，从图中可以看出：从 1996 年至 2000 年我国财政存款增幅缓慢，而 2001 年至 2002 年财政存款增幅大幅提高，2002 年至 2005 年财政存款波动幅度加大。这反映了国库现金余额随国库集中收付制度的实行而变动的情况。

---

①　Pearson 相关系数的计算方法：$r = \dfrac{\sum_{i=1}^{n}(x_i - \bar{x})(y_i - \bar{y})}{\sqrt{\sum_{i=1}^{n}(x_i - \bar{x})^2 \sum_{i=1}^{n}(y_i - \bar{y})^2}}$。

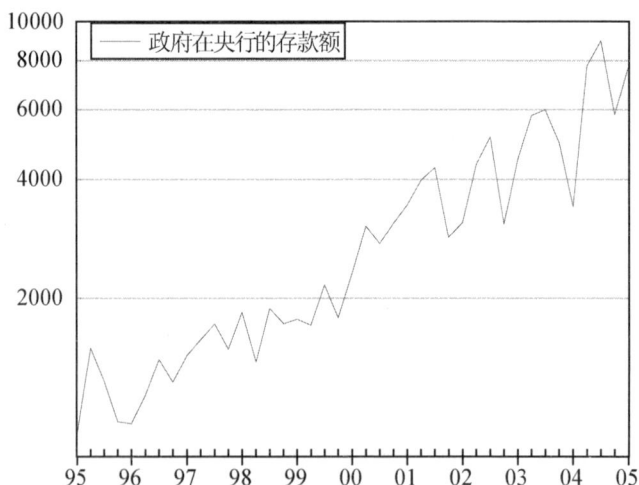

图 7.1　我国财政存款增长序列图

图 7.2 是我国的政府存款额与 M_0（M_1）的比率序列图：2000 年以前财政存款占货币 M_0（M_1）的比率维持在较低的水平，大概在 0.15 - 0.018 左右，自 2001 年以来政府存款余额所占比率开始上升。而且序列波动的状况同财政存款的波动状况相似，在财政存款同 M_0（M_1）的比率中，财政存款的变动是主要的影响因素，相对于货币供应量的波动，财政存款的波动更加剧烈[88]。

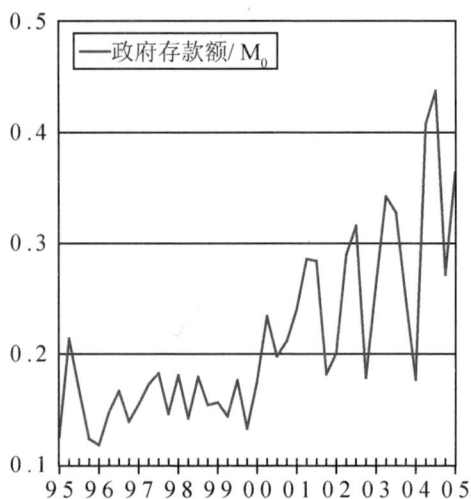

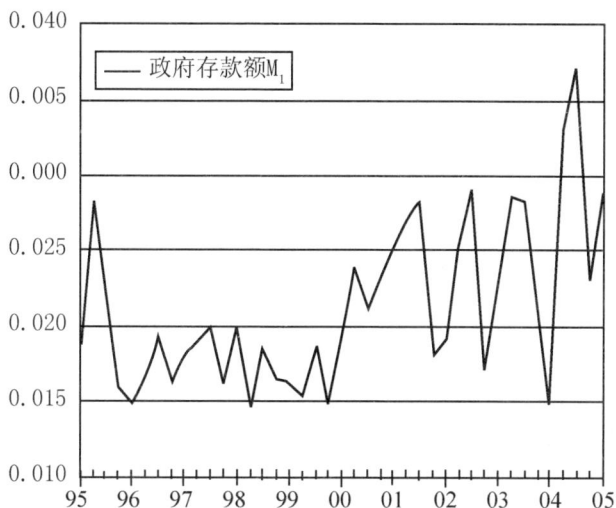

图 7.2　我国政府存款额与 M_0（M_1）的比率序列图

上述图形说明，国库集中收付制度的实行，无形中增加了国库余额对货币供应量的影响。因为在实施国库集中收付制度改革以后（2001 年以来），国库存款余额不仅增幅很快，而且波幅剧烈，已成为影响货币供应量波动的重要因素。这种新的变化迫切需要我们进一步研究如何科学管理国库现金，了解新型国库现金管理模式将会对中央银行货币管理产生怎样的影响，明确国库现金余额的投资运作是否对货币市场乃至货币供应量产生影响，否则，会因为财政存款的波动及其对货币供应量的影响，而对金融市场产生大的冲击，最终影响货币政策执行的有效性。

（2）模型设计

针对这些问题，下面运用计量经济模型对国库余额与货币供应量的关系进行实证分析。根据弗里德曼单一规则理论，货币政策的中介目标主要是货币供应量，在我国，货币政策的中介目标主要是货币供应量同时兼顾利率。成熟的市场经济国家有一套完备的中央银行体系，对于基础货币的控制是靠中央银行、商业银行体系、社会公众三方面同时完成的。对于这三者任何一方的行为，中央银行都能够进行有效的控制。由于货币政策的实证模型没有一个和经济学完全一致的模型，且我国目前处在由计划经济向市场经济转轨的过程中，中央银行体系和商业银行体系已基本建立，中央银行的货币政策操作不断向成熟市场经济国家看齐。因而，按照发达市场经济国家的普遍模式，并结合我国的实际情况，对我国的货币政策工具的有效性进行回归设计。在此以广义的货币供应量 M_2 为被解释变量，以反映我国中央银行操作手段变量为解释变量，它们主要有：商业银行的信贷规模、外汇储备额、商业银行准备金总额、央行票据、国库余额、国债余额、国债市场的成交金额、银行间拆借市场的成交量以及货币供应量 M_2 的若干滞后值。详细如表7-2 所示：

表7-2　变量定义表

变量名	变　量	变量定义
货币供应量	HBGY	M_2
商业银行信贷规模	XDGM	商业银行的各种贷款总额
外汇储备额	WHCB	外汇储备额
商业银行在央行的存款额	YHCK	商业银行在央行账户中的储备总额
央行票据余额	YHPJ	央行发行的央行票据余额
国债余额	GZYE	国债余额
国库余额	GKYE	财政当局在央行的存款余额
银行间国债市场回购成交金额	YHGZ	银行间国债市场七天回购成交金额
交易所国债市场成交金额	JYSGZ	交易所国债市场成交金额
拆借市场交易量 货币供应量的若干滞后值	CHAI HBGY_（　）	拆借市场七天拆借交易量 货币供应量的若干滞后值， 括号中的数字为滞后多少期的数字

实际参加回归分析的模型如下：

$LNHBGY = \beta_0 + \beta_1 * LNXDGM + \beta_2 * LNWHCB + \beta_3 * LNYHCK + \beta_4 * LNYHPJ + \beta_5 * LNGZYE + \beta_6 * LNGKYE + \beta_7 * LNYHGZ + \beta_8 * LNJYSGZ + \beta_9 * LNCHAI + \beta_{10} * LNHBGY\_（1）+ \beta_{11} * LNHBGY\_（2）+ \beta_{12} * LNHBGY\_（3）+ \beta_{13} * LNHBGY\_（4）+ \cdots\cdots$ （1）

（3）回归分析

利用2002 年1 月至2003 年12 月的共24 个观测值对上述模型进行回归，详细结果如表7-3 所示：

表7-3 计量结果汇总表

C	2.5823	LNGKYE	− 0.0186
	1.9815		− 2.4652
LNXDGM	0.7470	LNYHGZ	0.0006
	4.0957		0.2086
LNWHCB	0.0950	LNJYSGZ	0.0014
	1.1768		0.1656
LNYHCK	− 0.0264	LNCHAI	0.0022
	− 0.6136		0.3745
LNYHPJ	− 0.00002	LNHBGY_ 1	− 0.0721
	− 0.025		1 − 0.3663
LNGZYE	0.1213	A − R	0.9970
	1.8099	D − W	2.3113

注：变量名前有字母 L 为取其对数值，下同，括号里的值为 T 检验值。

从上表可以看出：在进入回归模型中的 10 个变量中，只有常数项、商业银行信贷规模和国库余额是高度显著的，国债余额变量在 0.10 的显著性水平上是显著的。虽然考虑到变量之间可能存在多重共线性、自相关和异方差问题，在做出这样的结论之前，我们必须慎之又慎。本文做了大量的计算研究，利用怀特（White）异方差性检验方法对样本进行了检验，最后发现本文的数据中不存在异方差问题，同时使用 h 统计量以及游程检验对方程的自相关问题进行了检验，表明本文中的样本数据不存在明显的自相关问题，最后：考虑到宏观经济变量之间的多重共线性问题，以伦敦经济学院关于建模的自上而下方法为理论基础，并结合本文研究的目标，剔除那些 t 值不显著和可能引起高度多重共线性问题的变量，最后剩下了 3 个自变量，仍然使用以上数据，对该模型进行回归。回归结果如下：

$$\text{LNHBGY} = \alpha + \beta_1 \text{LNXDGM} + \beta_2 \text{LNGZYE} + \beta_3 \text{LNGKYE} \qquad (2)$$

$$0.981 \quad 0.863 \quad\quad 0.111 \quad\quad -0.017$$

$$(6.821) \quad (23.137) \quad (2.752) \quad (-3.648)$$

$$R2 = 0.998 \quad D - W = 1.861$$

经过计算，精简的模型不存在诸如异方差和自相关等统计问题，表7-4 和表7-5 分别列示了模型在精简前后多重共线性问题的程度。

表7-4 变量间多重共线性情况

变量名	VIF	TOL
LNXDGM	266.673	0.004
LNWHCB	194.901	0.005
LNYHCK	3.966	0.252
LNYHPJ	10.588	0.095
LNGZYE	48.059	0.021
LNGKYE	8.928	0.112
LNYHGZ	2.308	0.433
LNJYSGZ	8.767	0.114
LNCHAI	4.341	0.230
LNHBGY	273.815	0.004

通过对比可以发现，精简模型的方差膨胀因子（VIF）和容忍度（TOL）的值要大大小于原始模型，这就说明：结合本文的研究目标，剔除那些不显著的变量能够很好地降低多重共线性的问题。

表7-5 变量间多重共线性情况

变量名	VIF	TOL
LNXDGM	18.212	0.055
LNGZYE	20.036	0.050
LNGKYE	2.899	0.345

通过以上的回归分析可以发现，在短期内决定我国货币量投放的主要因素是商业银行的信贷规模。在其他变量保持不变的情况下，当商业银行的信贷规模每增加一个百分点，货币供应量 M_2 就会增加 0.863 个百分点。可见，这个影响程度是相当大的。其次，反映在常数中的固定政策，例如存款准备金政策，也对货币供应量存在显著的正面影响，其影响还要大于商业银行信贷规模变量对货币供应量的影响。第三，我国的国库余额也是引起 M_2 波动的一个非

常重要的原因，它对 M_2 存在显著的负面影响。在其他变量保持不变的情况下，国库存款额每增加一个百分点，会导致货币供应量 0.017 个百分点的收缩（这是从短期而言，从长期来看，其影响更大，见后面的协整分析），这主要表现为货币的回笼。值得注意的是，国债余额对 M_2 也存在着显著的正面影响，当其他变量保持不变的情况下，国债余额每增加一个百分点，M_2 将增加 0.111 个百分点。这也就是说：通过发行国债不仅可以直接增加政府支出，而且增加了的国债会直接导致货币供应量的增加，而后者又影响最终产出。

（4）协整分析

"凡涉及时间序列数据的回归，都含有获致谬误（spurious）或可疑结果的可能性"[1]（Damodar N. Gujararti，2000）。如果这些非平稳时间序列直接进入模型，虽然它们的 t 统计值是显著的，但只是反映了变量共同随时间增长的趋势，不反映变量之间的实质关系，往往导致谬误回归。进入本文模型中的时间序列数据都是关于货币政策调控的宏观变量，它们都受制于宏观经济周期、政策以及其他系统性变化的影响，所以它们很可能是非平稳时间序列，本文使用扩充的迪基—富勒（Augmented Dicky-Fuller，简记 ADF）检验对模型中包括因变量在内的 11 个变量进行了检验，详细结果如表 7-6 所示：

表 7-6　时间序列变量单位根检验结果

变量名	ADF 检验值	检验类型 (c, t, d)	Rsqre	5% 临界值	10% 临界值	DW	是否平稳
LNHBGY	-2.6696	(c, t, 1)	0.2469	-3.6330	-3.2535	1.9824	否
LNXDGM	-1.8042	(c, 0, 3)	0.2943	-3.0199	-2.6502	2.2234	否
LNWHCB	-2.2326	(c, t, 3)	0.2412	-3.6591	-3.2677	1.5365	否
LNYHCK	-1.5618	(c, t, 1)	0.0355	-3.6330	-3.2535	1.8986	否
LNYHPJ	-1.8694	(c, t, 1)	0.0409	-3.6330	-3.2535	2.0343	否
LNGKYE	-2.7589	(c, 0, 1)	0.2148	-3.0038	-2.6417	2.1702	否 *
LNGZYE	-2.5215	(c, t. 3)	0.3754	-3.6591	-3.2677	1.9441	否
LNYHGZ	-5.0362	(c, t, 3)	0.6505	-3.6591	-3.2677	0.9988	是
LNJYSGZ	-3.7667	(c, t, 1)	0.4153	-3.6330	-3.2535	1.5422	是

---

[1]　[美] 古扎拉蒂著，林少宫译：《计量经济学》[M]，北京：中国人民大学出版社，第 19 页。

变量名	ADF 检验值	检验类型 (c, t, d)	Rsqre	5% 临界值	10% 临界值	DW	是否平稳
LNCHAI	-2.9596	(c, t, 1)	0.4062	-3.6330	-3.2535	1.8624	否
DLNHBGY	-4.7582	(c, t, 1)	0.6359	-3.6454	-3.2602	1.8677	是
DLNXDGM	-3.5083	(c, 0, 1)	0.5701	-3.0114	-2.6457	1.7552	是
DLNWHCB	-2.7424	(c, 0, 1)	0.2937	-3.0114	-2.6457	1.5839	是 *
DLNYHCK	-3.9850	(c, t, 1)	0.5155	-3.6454	-3.2602	2.2071	是
DLNYHPJ	-3.2443	(c, 0, 1)	0.4684	-3.0114	-2.6457	2.0070	是
DLNGKYE	-3.7819	(c, 0, 1)	0.4633	-3.0114	-2.6457	2.1013	是
DLNGZYE	-3.4703	(c, 0, 1)	0.7096	-3.0114	-2.6457	1.7163	是
DLNYHGZ	-3.9994	(c, 0, 1)	0.7016	-3.0114	-2.6457	2.0742	是
DLNJYSGZ	-5.2634	(c, 0, 1)	0.6255	-3.0114	-2.6457	2.0071	是
DLNCHAI	-5.0265	(c, 0, 1)	0.7339	-3.0114	-2.6457	2.2020	是

注：变量名前有字母 D 为取其一阶差分值，下同，c 为常数项；t 为趋势变量，为 0 则代表没有趋势项；d 代表滞后差分项的个数。

从上表可以看出，M_2、商业银行信贷规模、国库余额和国债余额都是非平稳时间序列，那么在前文中这些变量之间的线性关系是不是谬误回归呢？协整理论是检验和解决谬误回归的最好方法。其次，即使前文中变量之间不存在谬误回归，但也只是反映变量之间的短期关系，而变量之间的协整关系却反映了变量之间的长期关系。从上表还可以看出，虽然变量的水平数值是非平稳的，但是对它们进行一次差分处理就变成平稳的时间序列了，也就是说它们是一阶单整的，即 I (1)，这符合进行协整分析的前提条件，通过 Eviews 软件采用 Johansen 多重协整检验方法对精简的关于我国货币政策有效性的模型进行协整分析，得到了一个协整关系式，把它表达成下式：

$$vecm = LNHBGY - 0.851LNXDGM - 0.2333LNGZYE + 0.052LNGKYE - 0.180$$

$$(3)$$

其中 vecm 是误差修正项。经过移项，可以得到：

$$LNHBGY = 0.851LNXDGM + 0.2333LNGZYE - 0.052LNGKYE + 0.180 - vecm$$
$$(4)$$
$$(-61.414) \quad (-10.522) \quad (9.917)$$

可见，经过协整处理后，从长期来看，国库余额变量对我国货币供应量产生了显著的影响，它的 t 值为 9.917，系数为负表明了国库余额对我国的货币供应量产生了明显的负面影响。实证结果表明，当其他变量保持不变时，国库余额每增加（或减少）1%，就会带来货币供应量 0.052% 的减少（或增加）。目前我国国库由中央银行代理，国家财政的收支都表现为基础货币的回笼与投放，这样无形中就带来了基础货币的剧烈波动，对货币供应量的平稳产生了负面影响。国库存款余额越多，基础货币的投放也就越少，货币供应量就减少，虽然，国库余额对货币供应量的影响力从系数看不是很大，但它却是影响货币供应量波动的一个非常重要和不容忽视的原因。

7.2.2 财政国库资金余额投资运作对货币市场的影响

在新型国库现金管理模式下，财政库底资金将按照安全性、流动性和受益性的原则，在市场上寻找投资机会，借鉴国外成熟的做法，在我国目前可能的选择是：进入协议存款市场、国债市场和拆借市场。财政资金进入货币市场的这三个子市场将对我国货币市场以及金融市场会产生哪些重要影响是一个非常复杂的问题，本文结合前文的货币政策有效性模型对此问题做一些初步的分析。

（1）国库资金以协议存款方式进入商业银行体系对货币市场的冲击

西方成熟市场经济国家的国库资金余额绝大多数以银行存款的形式进入商业银行体系。在我国 2006 年 6 月，财政部与中国人民银行联合发布了《中央国库现金管理暂行办法》，规定从 2006 年 7 月 1 日起，我国将正式施行国库现金管理，商业银行定期存款成为了正式的管理方式。我国于 2006 年 12 月 6 日进行了首期 200 亿元 3 个月期限的中央国库现金商业银行定期存款，其后在 2007 年 4 月投放了 300 亿元 6 个月期限的中央国库现金商业银行定期存款，在 2008 年 1 月和 4 月分别投放两期各 300 亿元 3 个月期限的中央国库现金商业银行定期存款。这与我国金融机构 40 万亿元以上的人民币存款相比较，目前中央国库现金商业银行定期存款数额小，所形成的数据变异性不够显著，难以直接将其作为解释变量通过计量方法进行实证分析。因此，中央国库现金以商业银行定期存款的形式存在将对货币供给量影响的预测，目前的研究只能在分析商业银行信贷规模与货币供应量的相关关系的基础上，通过国库现金作为商业银行存款对商业银行信贷规模的影响分析，可以间接得到中央国库现金商业银行存款对货币供应量的影响。

本文通过前面的国库存款与货币供应量的实证分析已经得出结论，即商业银行的信贷规模是我国货币投放的最重要渠道，在其他变量保持不变的条件下，商业银行的信贷规模每增加1%，货币供应量将会增长0.85%，而国库余额每增加1%，货币供应量将会减少0.052%。由此可以推论得出：如果财政存款的绝大多数以商业银行存款的形式进入商业银行体系，与由中央银行代理财政金库时的国库资金相比，其对 M_2 的影响会增强很多，因为 M_2 的信贷规模弹性要远远大于国库资金单纯存入央行时的弹性，两者相差达0.8%，在由中央银行代理国库资金的情况下，财政部门收支活动表现为中央银行基础货币的被迫波动，当财政存款主动进入商业银行体系时，通过乘数作用使 M_2 成倍扩大。若按照国外先进的国库资金管理作法，多数国库余额资金将会进入存款市场，只有一小部分资金进入其他金融子市场，在这种情况下，会使我国的货币供应量增加，其增量的多少，关键是看国库资金中有多大部分以存款的形式进入商业银行体系。

对于国库资金以协议存款方式进入商业银行体系对货币供给量的影响，柳建光、李子奈（2007）[89] 从商业银行存款影响货币供应量的传导机制的角度进行了分析，认为商业银行存款对货币供应量的影响有四条传导路径是显著的：传导路径一是以商业银行贷款、贷款利率和企业债券利率作为传导变量，通过对现金漏损率和银行准备金率产生影响，进而对货币供应量产生作用效果；传导路径二是通过银行存款直接作用于银行准备金率，进而对货币供应量产生作用效果；传导路径三是以短期国债回购资金的回购利率作为传导变量，通过对银行准备金率产生影响，进而对货币供应量产生作用效果；传导路径四是以同业拆借资金供给和同业拆借利率作为传导变量，通过对银行准备金率产生影响，进而对货币供应量产生作用效果。通过对以上四条路径分别建立模型进行估计，得到了国库资金商业银行定期存款运作方式对货币供给量影响的定量测算：如果将国库现金 a 元存放到银行，那么狭义货币供给量将增加 $MB^0 \times \Delta k_1^0 + a \times (k_1^0 + \Delta k_1^0)$，广义货币供给量将增加 $MB^0 \times \Delta K_2^0 + a \times (k_2^0 + \Delta k_2^0)$，其中

$$k_1^0 = \frac{1 + c_1^0\ (1 + 0.27\%)}{c_1^0\ (1 + 0.27\%)\ +\ r_1^0\ (1 - 0.79\%)},$$

$$\Delta k_1^0 = \frac{1 + c_1^0\ (1 + a \times 0.27\% D^0)}{c_1^0\ (1 + a \times 0.27\% D^0)\ +\ r_1^0\ (1 - a \times 0.79\% / D^0)} - \frac{1 + c_1^0}{c_1^0 + r_1^0},$$

$$k_2^0 = \frac{1 + c_2^0\ (1 + 0.27\%)}{c_2^0\ (1 + 0.27\%)\ +\ r_2^0\ (1 + 0.12\%)},$$

$$\Delta k_2^0 = \frac{1 + c_2^0\ (1 + a \times 0.27\% / D^0)}{c_2^0\ (1 + a \times 0.27\% / D^0)\ +\ r_2^0\ (1 + a \times 0.12\% / D^0)} - \frac{1 + c_2^0}{c_2^0 + r_2^0},$$

他们的研究也说明中央国库现金存放在商业银行对货币供应量将造成影响，其影响的大小取决于中央国库现金成为商业银行存款量的多少，根据他们的模型推算，如果将 500 亿元的中央国库现金作为定期存款存放在商业银行，狭义和广义的货币供应量会分别上升 0.99% 和 0.85%，如果存放的数额是 1000 亿元，相应的增幅为 1.85% 和 1.7%。

值得注意的是，上述研究是从一般意义上的商业银行存款对货币供应量的影响出发的，所采用的是并未施行中央国库现金商业银行定期存款方式时的数据，最终所得到的模型估计结果也只是解释了商业银行存款对货币供应量的影响，直接将此结果应用于预测中央国库现金作为商业银行定期存款对货币供给量影响，无疑隐含了这种假设：中央国库现金形成的商业银行定期存款与一般意义上的商业存款对货币供给量的影响是相同的。考虑到中央国库现金作为商业银行定期存款的特殊性，它要求商业银行必须以价值为存款金额 120% 的国债做质押，并且形成了国库资金向国债市场的投放，所以，基于上述假设的推理判断，还有待新型国库现金模式的进一步实施后用实际数据去验证和修正。

（2）国库资金进入银行间拆借市场时带来的冲击

前面主要讨论了在新的国库资金管理模式中，将委托央行代理国库资金改为财政金库存款制时对货币供应量的影响。下面将讨论财政国库余额资金进入货币市场的影响。在我国，由于货币市场发展相对滞后，各个子市场容量较小，而国库资金量较大，这样，在较多的资金进入单个市场时，往往会给它们带来巨大的冲击，改变市场原有的结构。如何来模拟当资金进入某个市场时会带来的冲击，较好的方法是建立 VAR 模型，然后计算脉冲响应函数（impulse response function，简记 IRF），IRF 描绘了 VAR 系数中的因变量如何响应于方程中的误差项 ui 的冲击，当 ui 值增加一个标准差，这样的一个冲击或变化将会如何改变 VAR 方程中的因变量。当国库资金进入某个市场时，IRF 能很好地模拟一笔意外资金的进入会对这个市场的主要变量产生什么样的影响。

货币市场中，成交量和利率是反映市场状况的基本指标，故在数据采集方面，以拆借市场上的成交量和利率作为银行间拆借市场状况的主要变量，因为目前七日拆借量占银行间拆借市场总量的绝大部分，所以本文主要以拆借市场中的七日拆借市场为代表来进行研究。VAR 模型的样本数据来于中国人民银行网站，样本期为 2002 年 1 月至 2005 年 3 月，共 39 个观测值，考虑到利率变量和成交量变量都是非平稳的时间序列，经过前文的 ADF 检验，它们都是 I（1），又由于 VAR 模型中的变量牵涉到同一个变量的多次滞后，这些滞后变量往往存在着高度的多重共线性和自相关，在传统计量经济学中对上述问题的解决方法主要是经过一次差分处理。所以在建立 VAR 模型时，对它们进行一次差分处理，在前文的分析中，以可以看出经过这样的处理后，变量之间的很多问题可以得到缓和。最后在解释回归结果时，着重从模型的整体角度来解释模型，而不要太注重单个方程和单个系数的解释，就能很好地对所研究的问题有一个准确的认识。

使用 AIC 和 SC 最小化准则来建立银行间拆借市场的 VAR 模型，本文依次做出了因变量滞后 1 阶到 6 阶的 VAR 模型，所得到的 AIC 和 SC 值如下表所示：

表 7-7　不同滞后长度 VAR 模型的拟合优度情况

	1 阶滞后	2 阶滞后	3 阶滞后	4 阶滞后	5 阶滞后	6 阶滞后
AIC	13.056	13.047	12.957	13.008	13.081	13.190
SC	13.147	13.482	13.573	13.808	14.068	14.369

当 AIC 最小时，模型似乎应该取 3 阶滞后，当 SC 最小时，模型似乎应该取 1 阶滞后，滞后阶数发生了矛盾，这时借用 LR 统计量来确定最后的滞后阶数，在本例的研究中，LR 为 45.672，而计算的 LR 统计量的 P 值为 0.0000002744，这就指出拒绝滞后为一阶滞后的原假设所犯的第一类错误的概率非常小，故可以拒绝原假设，接受滞后阶数为三的备择假设。该模型两个方程的 F 值分别是 2.713 和 2.233，在 10% 显著性水平上的 F 统计量的临界值是 2，故可以拒绝模型中所有系数都为零的虚拟假设，模型的拟合是有意义的。在此基础上可以计算出 VAR 模型的 IRF，如图 7.3、图 7.4 所示：

Response of DCHAIJIE to One S.D. DCHAIJIE Innovation

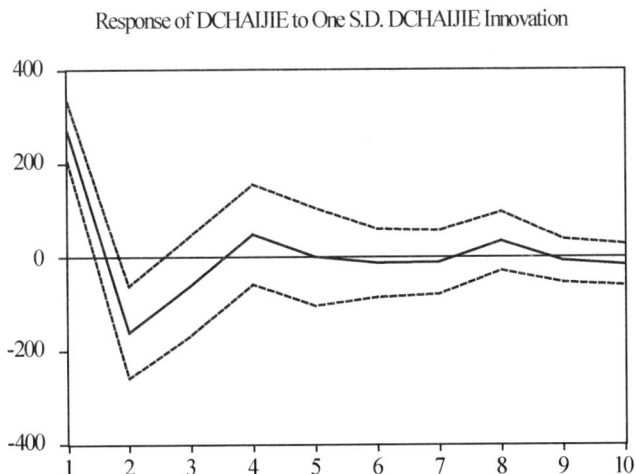

图 7.3　拆借量对自身一个标准误变化的响应

Response of DLILV to One S.D. DCHAIJIE Innovation

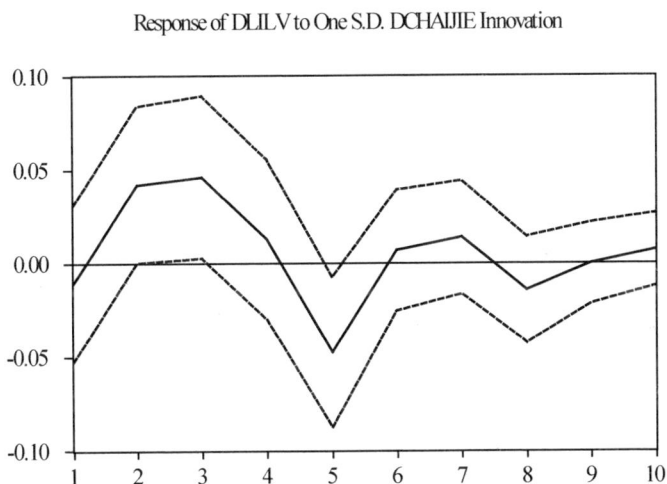

图 7.4　利率变量对拆借量一个标准误变化的响应

　　由图 7.3 可知，当银行间拆借市场的交易量有一个较小单位（一个标准误差大小）的增加时，当前市场成交量有一个较大幅度的增加，在其后的一个月中，成交量开始直线下降，在第二个月成交量下降到最低点，随后的两个月中，成交量开始稳步回升，并略高于原有水平，第五个月市场成交量回复到市场原有水平，在以后各个时期中，成交量一直稳定在市场均衡水平。

图 7.4 显示，市场利率对额外资金的进入在当前只是表现为小幅的下降，随后却大幅增加，在第二个月达到较高水平，第二个月和第三个月基本稳定在这一最高值，其后的两个月利率水平开始大幅下降，在第五个月降到最低点，随后利率水平开始上扬，第六个月后利率水平基本恢复到原有水平并保持较小幅度的波动。

总之，反映市场基本状况的成交量和利率在意外资金介入的情况下，在短期表现了大幅的波动，但基本上在半年内市场就会把意外的冲击消化掉，这就是说当国库金额资金进入拆借市场时，短期内会造成市场原有均衡水平发生变化，对市场造成巨大冲击。

（3）国库资金进入国债市场时带来的冲击

仿照拆借市场上的研究方式，可以计算银行间国债市场的脉冲响应函数来模拟一笔额外资金对国债市场的冲击效应。基于七日回购交易金额占国债回购交易总金额的大约70%，所以本文主要以银行间国债市场中的七日回购交易为代表来进行研究。样本数据来源于中国人民银行网站，样本观测期为2002年1月至2005年3月，共39个观测值，同样为了消除非平稳性、多重共线性和自相关，使用观测值的差分值作为研究数据。

仍然以 AIC 和 SC 最小化并考虑模型的整体拟合效果为依据来确立 VAR模型的滞后阶数，经过对比，采用滞后长度为 10 的 VAR 模型对银行间国债市场的成交金额和加权平均利率进行模拟效果最佳。模型的整体拟合效果不错，F 值显著，从而模型的各个系数从总体上来讲是显著地异于零的，经过调整的 R^2 值也比较高。为了模拟一笔额外的资金对银行间国债市场的冲击，本文在此基础上计算脉冲响应函数（IRF）。如图 7.5、图 7.6 所示：

图中虚线为预测的置信区间，从图 7.5 可以看出：当一笔额外资金进入银行间国债市场时（方程中残差的一个标准误），市场当时的成交金额会大幅增长，但小于进入市场中的意外资金，接下来一个月将会持续下降，达到最低点，第二个月至第三个月是市场的恢复时期，成交金额回复到原有水平，第三个月至第八个月市场成交金额将会围绕着原有水平小幅波动，第十个月后，市场完全消化掉这笔额外资金的意外冲击。从图 7.6 可知，国债加权平均利率对额外资金的进入在当期只是表现为小幅的下降，随后却大幅提高，在第二个月达到最高点，其后开始直线下降，在第四个月降到最低点，之后利率变量基本回复到原有水平小幅波动。

Response of DYHGZ to One S.D. DYHGZ Innovation

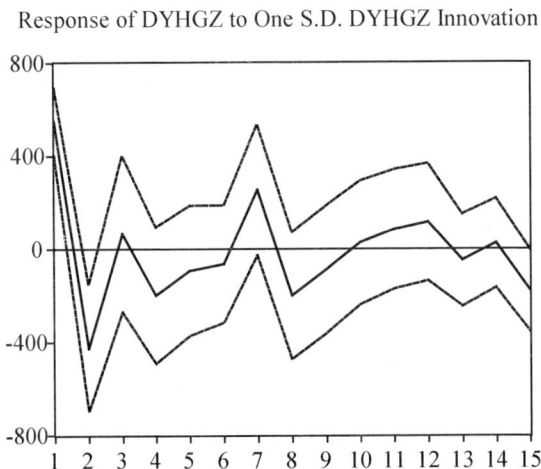

图 7.5　成交金额对其自身一个标准误变化的响应

Response of DLILV to One S.D. DYHGZ Innovation

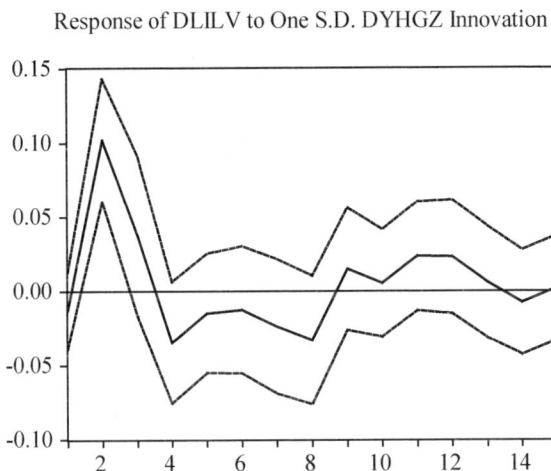

图 7.6　加权平均利率对成交金额一个标准误变化的响应

　　总之，通过计算单个市场的脉冲响应函数，能很好地模拟出一笔意外资金进入某个市场对其造成的冲击，实证结果表明市场在短期内将会有较大的波动，但是市场会在 6 个月左右将其消化掉。值得指出的是，在计算脉冲响应函数时统计软件假设 VAR 模型的一个标准误大小的资金带来的冲击，而事实是这样的：当进入某个单个市场的资金小于这个标准误时，市场的波幅将会更小，而被市场消化掉的周期将更短。

通过前文关于我国货币政策有效性的回归模型以及向量自回归（VAR）模型的分析，可以得出这样的结论：第一，在我国目前的国库管理制度下，国库余额以及财政资金对 M_2 有显著的影响，国库资金的收支具体表现为基础货币的回笼与投放，或者更具体的说，目前国库余额的波动是我国货币供应量波动的重要原因。第二，在目前的市场发育程度下，货币当局通过直接或间接的手段控制商业银行的信贷规模是货币投放与回笼的最重要途径，在新的国库现金管理模式下，学习国外的先进做法，国库余额资金的绝大多数存入商业银行获取存款利息，在这种情况下，国库余额资金对货币供应量 M_2 的净影响将是很大的，其净弹性为0.8。因此，国库余额的预测将是中央银行的一个很重要的工作，并要和财政国库保持密切的联系，知悉财政资金的使用方向，以保持货币供应量的稳定。第三，新的国库现金管理模式下，一定量的财政资金进入金融市场在短期内会对其造成一定的冲击，但是，只要进入的资金数额不超过市场的原有波动范围（市场容量），这种冲击需要半年时间被市场消化掉。基于拆借市场利率以及国债市场收益率的基础性作用，它们短期的剧烈波动应该被中央银行所重视。财政部门在运作库底资金时，必须考虑市场的容量，分阶段有计划地定额注入资金。最后，财政存款的市场化选择（存入商业银行）会对货币供应量产生重大影响[90]。

7.3 小 结

本章的写作意图旨在搞清楚国库现金管理与央行货币政策管理二者之间存在怎样的相关性，并揭示能够促进二者协调配合的政策建议。

首先从定性的角度对国库现金管理与央行货币政策关系进行了一般性描述，认为国库现金管理与央行货币政策之间存在内在联系：一方面国库现金存入中央银行即转化为基础货币，如果大量沉淀于中央银行就会产生明显的收缩货币供应量效果，从而对实施扩张性货币政策产生消极作用；另一方面国库现金管理能够配合中央银行货币政策的有效实施，因为国库现金波动频繁，会直接削弱中央银行控制基础货币能力，影响金融市场利率信号和信贷信号的准确性。通过国库现金管理，对国库现金流进行预测调控，不仅可以避免对金融市场产生不利影响，还可以有效配合中央银行货币政策实施，因而二者必须协调配合。但是，不同国库现金余额管理模式对货币供给量的影响不同：（1）传统的央行代理国库现金管理的模式下，国库现金余额构成央行基础货币的重要部分；（2）国库现金余额存入商业银行的国库现金管理模式中，国库资金运动直接影响货币供给量；（3）国库资金余额直接进入货币市场进行短期投资可能将会影响货币市场价格波动。在我国，因为处于计划经济向市场经济体制转轨时期，新旧体制交替，国库现金管理与央行货币政策管理之间关系会更复杂一些，更需要做实证分析来验证。

其次，本章在定性分析的基础上进行了实证分析，利用统计回归方法，分析了国库现金余额波动对央行基础货币量的影响，回归分析发现，我国的国库余额是引起 M_2 波动的一个非常重要的原因，它对 M_2 存在显著的负面影响。在其他变量保持不变的情况下，从短期看，国库存款额每增加一个百分点，会导致货币供应量 0.017 个百分点的收缩，这主要表现为货币的回笼。经过协整分析发现，从长期来看国库余额变量对我国货币供应量产生了显著的影响，它的 t 值为 9.917，系数为负表明了国库余额对我国的货币供应量产生了明显的负面影响。实证结果表明，当其他变量保持不变时，国库余额每增加（或减少）1%，就会带来货币供应量 0.052% 的减少（或增加）。目前我国国库由中央银行代理，国家财政的收支都表现为基础货币的回笼与投放，这样无形中就带来了基础货币的剧烈波动，对货币供应量的平稳产生了负面影响。国库存款余额越多，基础货币的投放也就越少，货币供应量就减少，虽然，国库余额对货币供应量的影响力从系数看不是很大，但它却是影响货币供应量波动的一个重要而不容忽视的因素。

其三，分析了国库余额投资运作将会对货币市场造成怎样的冲击。通过建立 VAR 模型，计算脉冲响应函数（IRF），模拟一笔国库资金进入某个金融子市场时，意外资金的进入对货币市场的主要变量产生了怎样的影响。实证结果表明市场在短期内将会有较大的波动，但是市场会在 6 个月左右将其消化掉。

最后，综合上述实证分析结果得出了新型国库现金管理模式将对央行货币政策可能产生影响的相关结论，并提出相应政策建议。

第八章

国库现金管理与央行货币
政策管理的协调配合（中）
——国库现金管理中政府债务管理
与央行货币政策管理的协调

随着国库现金管理的不断推进，政府债务管理将从被动地、分散地执行国债发行和还本付息等职能转向以政府债务组合为内核的主动的、全面的债务管理。政府债务管理政策是央行运用货币政策调节经济的传导器，国债尤其是短期国债作为货币市场工具，是连接国库现金管理、政府债务管理与货币政策管理的纽带，是国库现金管理框架下政府债务管理与央行货币政策协调配合的结合点，这样政府债务管理与央行货币政策就存在密切的联系。因而，国库现金管理中还有政府债务管理与央行货币政策管理协调配合的问题。

8.1 政府债务管理与货币政策管理之间的关系

国库现金管理的本质是政府资产负债的综合管理。政府资产管理是指通过国库存款余额的运作以求得政府资金风险最小化基础上的收益最大化；政府负债管理在政府现金管理中则是指利用公债期限结构的合理组合与公债的买卖熨平国库现金流波动，以保证国库开支的需要和降低融资成本。从政府负债管理的角度来看，当国库现金余额出现不足时，为满足政府财政支出的需要，政府选择发行债券筹集资金最为有效，考虑到国库资金波动的短期性特征，国库现金管理框架下的政府债务管理为解决政府季节性现金需求，弥补政府短期预算赤字，要求发行短期国债。相比发行中长期国债以实现财政收支一般均衡，发行短期国债有助于实现财政收支在时间上的匹配，是一种灵活性较强的政府债务管理工具。发行短期国债主要目的是平衡年度内季节性国库预算收支的余缺。从预算收支角度看，在国库现金净流入月份，短期国债发行量和短期国债余额会相应减少；在国库现金净流出月份，短期国债发行量及其余额会相应增加。基于以上分析，国库现金管理框架下政府债务管理的主要内容之一，是在国债规模余额管理制度下，通过合理安排国债期限结构与发行时间、频率，灵活设计发行条件等，实现国库资金缺口筹资成本的最小化。

虽然，政府债务管理与央行货币政策管理两者的政策目标存在本质差异：政府公债管理的目标主要是假定在给定公债总额的条件下，通过改变长短期公债的比重实现融资成本最小化；而中央银行的货币政策管理主要包括调控货币供应量和利率水平，主要目标是保持币值与物价的相对稳定。但是，两者仍然存在相互协调的问题，主要体现在如下两方面：

（1）国债的应债主体选择——央行能否直接参与国债发行

发达市场经济国家为保持央行的独立性均不允许本国央行进入国债一级市场，以防止中央银行直接为财政赤字提供融资。而在市场经济不发达的许多经济转型的国家由于公债市场发育不完善，没有较为完备的二级市场，所以中央银行直接进入公债一级市场，这样不仅使得政府债务直接实现了公债的货币化，而且政府的债务管理和中央银行的货币管理集中在同一个市场，不论是债务管理政策还是货币管理政策均可能受到对方的掣肘，从而有可能无法实现各自的政策目标。因此在研究国库现金管理时不能忽视其中的政府债务管理与货币政策管理相协调的问题。

其实，央行购买国债的行为是由其基本职能所决定的。首先，央行作为发行的银行，要通过在公开市场上买卖国债来调节货币供给量和市场利率，以实现一定的宏观政策目标（既公开市场业务），而这是以央行持有大量的国债为基础的；其二，央行作为银行的银行，当商业银行因资产流动性不足而面临支付危机时，可以通过国债的再贴现向商业银行提供流动性；其三，央行作为国家的银行，当财政发行短期国债弥补赤字时，央行应当认购部分短期国债为政府提供短期资金支持[91]。这三种方式中公开市场业务和再贴现属于间接购买，而弥补赤字属于直接购买。方式不同，其经济效果也不同。直接购买是指央行在国债一级市场向财政直接认购国债。根据资金来源不同，分为两种情况：

①央行增发货币认购国债。实质上等同于财政直接向中央银行透支。在央行的资产负债表上，资产方短期国债持有量增加，负债方财政存款等额增加，由此所创造出的基础货币经过商业银行系统的信用派生便会导致货币供给量的倍数扩张，本质上是货币的财政发行。这种情形称之为债务货币化。

②央行用商业银行的存款准备金认购国债。在央行资产负债表上，资产方

央行所持有的短期国债增加，负债方商业银行的存款准备金相应减少，其结果是信用货币通过商业银行体系的再次派生，从而大大增加货币供给量，这与增发货币本质上是一样的。

显然，央行直接介入国债一级市场，无论是增发货币还是动用存款准备金来直接购买国债，都会增加货币供给量，由此所带来的通货膨胀压力势必会冲击央行货币政策的选择和实施。为此，我国1994年《中国人民银行法》明确规定：央行"不得直接认购、包销国债"，这就形成政府债务管理横跨一、二级市场，央行货币政策调控活动限定在二级市场的格局。所以，我国政府债务管理与央行货币政策的协调配合问题主要是在二级市场上。

（2）央行公开市场操作工具的选择——国债是否替代央行票据

在二级市场上央行主要是通过公开市场业务买卖国债和在银行系统内通过国债再贴现来实现货币政策意图。公开市场业务作为央行执行货币政策运用最频繁的工具，其最主要的操作对象是短期国债。实质上就是通过在央行公开市场上买卖短期国债调控金融市场的资金头寸。而国债再贴现是指商业银行为了解决流动性危机而向央行卖出未到期国债的行为。央行通过公开市场业务或再贴现购入国债时，其交易对象可能是商业银行或公众，由此而产生的货币效应也有所不同：

①央行与商业银行间买卖国债。当央行执行紧缩性的货币政策时，央行要提高再贴现率或在公开市场上卖出国债、回笼货币，以压缩货币供给量。公开市场操作的作用原理为：在央行的资产负债表上，资产方央行持有的国债减少，负债方商业银行在中央银行的存款相应减少，商业银行为补足准备金，势必压缩信贷规模，从而减少货币供给量。再贴现的作用原理为：央行提高再贴现利率，商业银行获得流动性成本加大，可用于信贷的资金量减少，从而压缩其信贷规模，减少货币供给量。相反，当央行执行扩张性的货币政策时，央行要降低再贴现率或在公开市场买进短期国债，投放货币，增加货币供给量。

②央行与公众交易国债。如果央行在公开市场上操作的对象是公众即居民和企事业单位，那么其所产生的货币效应扩张和收缩方向同上，但强度有所减弱。当央行执行扩张性货币政策时，在公开市场上买进公众持有的国债，在央行的资产负债表上，资产方央行所持有的国债增加，负债方商业银行在中央银行的存款相应增加。但是，所增加的准备金不能全部用来增加信贷规模，所以中央银行买卖公众的国债对商业银行准备金的影响小于中央银行直接买卖商业银行的国债对准备金的影响。反之，则会产生相反的货币效应。

需要特别指出的是，当央行需要实施扩张性的货币政策时，央行要降低再贴现率或在公开市场买进国债，此举不仅不会导致货币过量发行而引发通货膨胀，相反却可以缓解通货紧缩压力；当央行执行紧缩性的货币政策时，央行要提高再贴现率或在公开市场上卖出国债，此举不仅不会导致货币收缩而引发通货紧缩，相反却可以缓解通货膨胀压力。由此可以看出，中央银行在二级市场（公开市场和再贴现市场）上的国债交易是出于调节货币供给量的需要，并且要以具有一定广度和深度的国债市场为前提。而通过政府债务管理对国债利率和应债来源的优化选择，可以为央行公开市场业务和再贴现提供更为广泛、深远的操作平台，进而保证央行货币政策调控的有效实施。从这个意义上讲，政府债务管理政策就是央行运用货币政策调节经济的传导器，这样政府债务管理与央行货币政策就存在密切的联系。而国债尤其是短期国债作为公开市场和再贴现市场的重要工具，就应该成为国库现金管理框架下政府债务管理与央行货币政策协调配合的结合点。

那么，一个市场存量足够大、期限结构较合理，交易活跃的国债二级流通市场就成为政府债务管理与央行货币政策协调配合的基本依托。在国债流通市场上，央行可以开展公开市场操作买卖国债，实现基础货币的投放与回笼，以调节货币供应量，实现货币政策调控目标；而政府债务管理部门可以灵活安排提前赎买或回购国债，以减轻国债集中兑付所导致的头寸压力，减少政府借债成本。这意味着，国债流通市场越发达，则政府债务管理与公开市场操作的效果就越明显，二者协调配合也就越容易。

在具体的公开市场操作中，当政府借债超过了央行认为应投向市场的数量，央行可能买入其差额，投放相应规模的货币；当政府借债低于央行认为应投向市场的数量，或者政府提前赎回或回购国债，央行可能卖出差额部分的国债，回笼相应规模的货币，以保持货币供应量的稳定。央行公开市场操作最理想的工具是短期国债，但我国长期以来短期国债规模极小，难以成为央行公开市场操作的市场依托，央行从 2002 年开始，不断发行央行票据替代短期国债来支撑公开市场操作，在一定程度上实现了宏观金融调控目标。然而，随着央行票据的大量发行，其缺陷开始逐步显现，如操作成本高、存在通货膨胀隐患等，人们纷纷对央行票据作为公开市场操作工具进行理性反思。特别是 2006 年 3 月以来，我国正式实施国债余额管理制度，消除了短期国债发行规模扩大的制度障碍，再加上创新国库现金管理模式需要充分利用短期国债调节国库现金流波动。那么，随着短期国债规模的逐渐扩大，央行票据是否淡出公开市场操作，短期国债能否成为公开市场操作的主流工具的问题被提了出来。

可见，在此存在着中央银行的货币操作管理与政府债务管理期限选择之间的相互协调问题。如前所述，国库现金管理需要发行短期国债来熨平国库现金流的波动，而且2006年我国国债规模余额管理制度的正式推出也为短期国债的滚动发行扫清了制度障碍。实际上，在外汇储备持续增加，人民币汇率存在巨大升值压力的背景下，央行不得不大量发行票据来对冲外汇占款，就源于我国短期国债的缺位。由此可见，一方面，短期公债的发行时机与规模的选择不能脱离货币政策调控目标的制约；另一方面，短期公债的缺位也在一定程度上制约了货币政策调控工具的合理选择。学者汪洋（2005）[92]认为央行票据作为货币政策工具无力承担主力政策工具重任，最终必将被短期公债所取代。但是，在当时流动性过剩的经济背景下，从与货币管理的协调配合的角度看，短期公债不宜增发。陆前进（2005）[93]从中央银行独立性的角度就中央银行的货币管理与短期政府债务管理之间的相互协调问题进行了详细的论述。他认为在货币政策操作以汇率波幅相对稳定的目标约束下，探讨中央银行的货币操作与财政部的短期公债管理的协调并不具有现实意义。这主要因为：中央银行买入或卖出短期公债从现实性看都十分困难。假定央行买进短期公债，其政策导向则是扩张性的，与央行收回流动性的方向相反；假定央行卖出短期公债，其政策方向则是收缩性的，而目前我国央行资产中目前并没有这种资产可供卖出[94]。

本文的研究认为，理论上短期国债具有的优势可弥补央行票据作为公开市场工具的局限性，但结合流动性过剩的问题考虑，国债与央行票据短期内不可能完全替代，二者可能在一定时期内并存；长远看，公开市场操作工具应逐步转向国债，但必须在财政与央行紧密协作的前提下进行。那么，如何通过国债期限结构的合理管理来配合货币政策调控的需要，短期国债是否有必要及其能否代替央行票据成为公开市场操作工具等问题尚需进一步实证分析研究。

8.2 国债与央行票据替代关系的实证分析[95]

在市场经济发达国家，公开市场操作作为央行吞吐基础货币、调节市场流动性的主要货币政策工具，也是央行运用最频繁的政策工具。中央银行开展公开市场业务，主要是在债券市场上买卖有价证券来影响基础货币量，从而调节信用规模、货币供应量和利率，最终实现货币政策调控目标。从公开市场业务的操作机制来看，公开市场操作工具的选择总体上应满足以下条件：信用好、安全性高；流动性强；利率可由市场决定；可以再贴现；央行可独立控制且抗干扰能力强；有一定的市场规模等。据此，经济发达国家一般都选择政府债券作为公开市场操作的主要工具，其操作手段以频繁的回购和现券买卖为主。短期国债由于期限短、变现性强、安全性高、收益稳定、市场表现活跃等特点，符合公开市场操作的要求，被认为是央行公开市场操作的主流工具。

新型国库现金管理模式需要充分利用短期国债调节国库现金流波动，前面的研究也表明可以定期滚动发行短期国债。因此，可以预期短期国债规模将随着国库现金管理活动的展开而扩大，从而"央票淡出，短债替代"的讨论就不可回避。原雪梅（2006）认为，在短期内难以选定一种具有绝对优势的公开市场操作工具的情况下，应该说多元化选择是无奈之举，但从长远来看，最优方案应该是借鉴发达国家的成功经验，以国债作为公开市场操作的基本工具[96]。汪文进、方兴起（2006）认为，在未来2—3年，短期国债对央行票据在公开市场中的地位将造成巨大冲击[97]。钟华（2006）认为，从市场经济发达国家的经验看来，国外央行公开市场操作手段以频繁国债回购和现券交易为主[98]。在这样的公开市场操作形式下，央行票据将淡出公开市场。

下面将从分析短期国债与央行票据的功能差异入手，结合近年来我国短期国债、央行票据的发行情况和央行公开市场操作实践，从可能性、必要性、可行性三个层面，对我国公开市场操作中短期国债与央行票据的替代性关系进行初步分析，旨在为我国公开市场操作工具的选择以及财政部与央行的协调配合提供一点可资借鉴的参考意见。

8.2.1 短期国债取代央行票据作为公开市场操作工具的可能性

（1）短期国债与央行票据性质、功能的异同决定二者可以替代

首先从构成要素分析（包括发行者、认购者、期限、价格和偿还等）：在发行者方面，短期国债由财政部发行，其目的在于筹集短期资金，弥补临时性或季节性财政收支缺口；而央行票据由央行发行，其目的在于吸收商业银行部分流动性资金，调节货币供给，并不是为了筹资。在认购者方面，短期国债的投资者结构优于央行票据，因为短期国债可以跨市场发行，无论是个人、企业还是商业银行、证券投资公司均可购买，而央行票据的发行对象只局限于商业银行，不利于投资者结构的多样化。在期限安排方面，二者都是典型的短期性

金融工具。其中，短期国债期限不超过 1 年，主要包括 3 月期、6 月期和 1 年期共三个品种，而央行票据期限跨度更大，除了 3 月期、6 月期、1 年期以外，还开发了 3 年期和 1 年期远期两个创新品种。在价格上，发行价格是衡量操作成本的重要指标，同时也是衡量投资收益的重要指标。就目前国内发行情况而言，二者均以贴现发行为主，短期国债的贴现价格要高于央行票据，这就意味着短期国债的发行利率低于央行票据。在偿还环节和偿还形式上，短期国债以市场购销和以新替旧为主，而央行票据主要采用以新替旧形式；偿债资金来源上，短期国债利息支付通过财政经常性预算列支，还本支出主要通过举借新债来偿付，而央行票据无论是还本还是付息，都是以不断发行新债来实现的，这种滚动发行所造成的央行票据规模的不断增长，将导致货币供给量的增加，在一定程度上会加剧通货膨胀。可见，在偿还安排上，短期国债要优于央行票据。综上所述，短期国债与央行票据在构成要素上具有很高的相似性，但也存在一定的差异。

其次，看短期国债与央行票据在性质上的异同：在流动性方面，短期国债与央行票据同属短期债券，相比长期债券而言，其流动性较强，能够随时变现。但考虑投资者结构对债券流动性的影响，则短期国债流动性强于央行票据。在安全性方面，短期国债和央行票据发行主体虽有所不同，但二者均以国家信用为保障，能够有效地抵抗各种风险，因此，二者在这个方面不分伯仲。在收益性方面，对于投资者而言，因为二者均属于固定利率债券，所以其收益都比较稳定。但因其流动性存在差异，所以短期国债收益率要低于央行票据，但考虑到短期国债利息收益免收利息税，则短期国债与央行票据的收益率难分高下。

其三，看短期国债与央行票据在功能上的异同：第一，相同功能：①二者都是央行公开市场操作的重要工具。在市场流动性过剩时，央行卖出短期国债或者央行票据（发行），都可以实现对基础货币的回笼；在市场流动性不足时，央行买入短期国债或者央行票据（偿还），都可以实现对基础货币的投放。通过这种双向操作，央行能够有效地调节商业银行的信用规模、货币供应量和利率，实现货币政策调控目标。②二者都具有确定基准利率的功能。在成熟市场经济国家，短期国债信用安全性好、收益稳定、流动性高，被普遍接受作为确定短期无风险利率的载体。而在我国，短期国债长期缺位、市场存量很少、二级市场流动性受阻、定期滚动发行机制尚未形成等问题在短期内不可能彻底解决，致使短期国债不能成为我国基准利率的市场基础。在此种背景下，央行票据的定期滚动发行既解决了市场短期品种不足的缺陷，又完善了固定收益产品收益率曲线，有利于市场短期基准利率的形成。随着央行票据的不断发行，市场开始将发行量大、成交活跃的央行票据的发行利率和回购利率作为判断货币市场短期利率走势的参考。同时，自2003年恢复短期国债始，特别是2006年3月实施国债规模余额管理制度以来，短期国债虽然发行量不大，但对于我国国债收益率曲线的形成也起到了积极的作用，为流通市场的国债和其他固定收益类产品提供了定价的参考基准。③二者都具有投资功能，二者都是金融市场上重要的投资工具。短期国债与央行票据期限短、流动性强、安全性高、收益稳定，可以作为机构投资者灵活调剂手中头寸、减轻短期资金压力的有效工具。特别是在我国货币市场上，由于缺少短期债券，众多机构投资者只能去追逐长期债券，导致债券市场上长期利率风险无法对冲。短期国债与央行票据的发行改变了货币市场基本没有短期工具的现状，为商业银行等机构投资者进行流动性管理提供重要的工具。第二，二者功能差异：主要表现在公开市场操作的有效性不同。虽然二者公开市场操作的作用结果一致，但其有效性却不同：①作用机制不同。央行在公开市场上吞吐短期国债，是通过改变央行资产负债表中资产、负债结构来实现的，其资产、负债总量相应地发生了变化；而央行在公开市场上发行央行票据，则是通过单纯改变负债结构来实现的，其资产、负债总量并不发生变化。②在操作过程中，央行的主动性不一样。央行公开市场操作的顺利开展必须以具有一定的深度和广度的债券市场作为依托。短期国债的发行由财政部自行安排，央行不具有话语权，只能被动地参与，特别是在我国短期国债长期规模不足的情况下，央行选择短期国债进行公开市场操作空间不大；而央行票据由央行自主发行，是央行货币政策工具中主动性最强的部分。③灵活性不同。央行选择短期国债进行公开市场操作，可以主动的进行买进和卖出，通过"余额控制，双向操作"来灵活地调节基础货币的投放与回笼；但央行采用央行票据进行公开市场操作，只能主动地通过发行央行票据来回笼基础货币，而不能主动地投放基础货币。④偿付安排不同。短期国债通过预算列支和举借新债来还本付息，不会影响货币供应量，因此不会造成通货膨胀；而央行票据的还本付息等同于央行货币增发，由此所导致的被动的货币扩张势必会抵消前期央行票据发行时产生的货币紧缩效应，其通货膨胀隐患不容忽视。另外，国债具有金融与财政双重功能，央行票据不具有财政功能。央行票据具有短期国债的金融功能，但不具有财政功能。短期国债的双重属性决定了短期国债成为货币政策与财政政策的联结点，因而短期国债的定期滚动发行成为货币政策与财政政策协调配合的基础。而央行票据功能单一，不能有效地为财政提供服务。

综上分析，短期国债与央行票据在构成要素、性质和功能方面具有的相似性和差异性说明的确存在相互替代的理论基础。下面根据我国近年来公开市场操作实践来验证短期国债与央行票据替代关系在现实中确实存在。

（2）央行票据与短期国债可替代性的经验实证

长期以来，我国国债期限品种单一，短期国债缺位。如表 8-1 所示，1993年以前，我国没有短期国债发行。1994 年我国开始尝试发行 6 月期和 1 年期两个短期国债品种，虽然其发行规模不大，但对我国国债发行却具有划时代的意义。1995 年我国短期国债 1 年期品种发行规模有所上升，6 月期品种没有发行，总发行规模略有下降。短期国债的长期缺位，导致了 1996 年 4 月 9 日我国正式启用国债市场进行公开市场操作时，央行无债可用。因此只能进行逆回购交易，即先从 14 家商业银行总行买进了 2.9 亿元的国债券，然后再按约定的时间和价格卖给商业银行。与此同时，为配合央行公开市场操作，财政部也在积极尝试发行短期国债，1996 年我国短期国债 6 月期和 1 年期品种发行规模倍增，在此基础上，我国首次发行 3 月期短期国债，完善短期国债品种结构，其发行规模也迅速扩大，这对于我国公开市场操作具有里程碑的意义。但是无论是逆回购还是发行短期国债，都会对经济产生扩张作用，这与当时经济软着陆的政策目标相悖，因此操作力度很小，全年共进行了 51 次交易，回购交易量仅为 43 亿元。由于以上原因，1997 年央行暂停了公开市场业务操作。与此同时，财政部也停止了短期国债的发行。总体来看，1996—1997 年我国公开市场操作之所以蹒跚起步而又举步维艰，最后草草收场，原因在于我国进行公开市场操作的市场环境并不成熟，短期国债的长期缺位不能给予有效的市场支撑，导致我国公开市场操作缺乏可操作的工具，最终被迫停止。

1998 年—2002 年我国面临通货紧缩局面，央行迫切需要采取扩张性的货币政策来调控宏观经济。央行于 1998 年 5 月恢复公开市场业务操作，并逐渐加大操作力度。但是由于 1998、1999 年我国没有发行短期国债，导致我国公开市场操作没有可操作的短期国债，央行不得不放弃短期国债，转而依托中长期国债、中央银行融资券和政策性金融债等多种操作工具，主要开展逆回购和现券买断交易。两年共实现基础货币净投放 2600 多亿元，有效拉动内需，抑制了经济波动。2000 至 2002 年我国短期国债发行时断时续，但也只是少量发行 1 年期品种。短期国债的不足使得央行公开市场操作空间十分狭窄，其货币政策调控效果差强人意。三年公开市场操作以正回购和现券卖断交易为主，共实现基础货币净回笼2100多亿元，可以看出1998—2002年间，我国公开市场操作并没有实现扩张性的政策目标，"积极的"货币政策非常规性地被笼罩在"通货紧缩"的阴影之下[99]。

2003年以来，为应对国内经济局部过热的局面，央行适时采取了一系列紧缩性货币政策；又同时面对外汇储备的刚性增长，为保持汇率稳定，央行被动地实行了一系列扩张性货币政策。复杂的经济形势使货币政策陷入两难困境。在此背景下，央行相机适时推出央行票据，通过发行央行票据替代短期国债正回购支撑公开市场操作，回笼基础货币，缓解人民币升值压力，抑制经济过热。2002年9月，央行将公开市场业务未到期的短期国债正回购转换为央行票据。2003年4月，央行正式通过直接发行央行票据进行公开市场操作。此后，我国央行公开市场操作力度不断加大，操作方式以回购和现券交易、发行央行票据为主，并适时推出买断式回购和远期交易两大新方式。从操作工具来看，我国公开市场操作工具主要是央票、记账式国债和政策性金融债，其次是短期融资券和商业银行债券等。随着央行票据发行日益频繁，发行规模不断增大，期限品种不断完善，目前，央行票据已经成功地替代短期国债的部分功效，成为我国央行公开市场上除回购交易、现券交易外的第三大交易品种，也是与国债、政策性金融债"并驾齐驱"的公开市场三大操作工具之一[100]。特别是国债规模余额管理制度实行一年多来，短期国债的发行仍然延续一贯传统，没有实现滚动发行，且发行规模也不尽人意。与之形成鲜明对比，央行票据发行方式不断改进，发行规模不断攀高。如此现状表明，在短期国债规模严重不足、难以担当公开市场操作主流工具之时，央行票据异军突起成为公开市场主要的操作工具。

综上可见，无论是在理论上，还是在实践中，作为公开市场工具，短期国债与央行票据之间确实存在替代关系。综观我国央行公开市场操作逾10年的历史，初期是以国债或短期国债为操作工具，但随着公开市场操作规模的扩大，央行可用的国债规模跟不上需要，于是，央行根据我国宏观经济形势的变化，创新操作工具，发行了央行票据，灵活地选择操作工具组合进行公开市场操作，实现了货币政策目标。但在面对人民币升值、流动性过剩、央行票据面临种种发行困难的情况下，短期国债规模扩大的制度性障碍已经消失等因素的影响，央行票据是否应该退出公开市场操作，由短期国债取而代之则需要进一步分析。

表 8-1　1981—2006 年我国短期国债与央行票据发行情况表　（单位：亿元）

年度	短期国债				央行票据				
	发行额（亿元）	3 月期	6 月期	1 年期	发行额（亿元）	3 月期	6 月期	1 年期	3 年期
1981—1993	0	0	0	0	0	0	0	0	0
1994	132.63	0	50.28	82.35	0	0	0	0	0
1995	118.89	0	0	118.89	0	0	0	0	0
1996	664.7	147.85	218.65	298.2	0	0	0	0	0
1997—1999	0	0	0	0	0	0	0	0	0
2000	200	0	0	200	0	0	0	0	0
2001	0	0	0	0	0	0	0	0	0
2002	265	0	0	265	1937.5	400	1087.5	450	0
2003	355	100	0	255	7226.8	3874.3	2452.5	900	0
2004	634.8	253.2	0	381.6	15071.5	5559.7	1839.7	7372.1	300
2005	1396.5	411	0	985.5	27462	9430	2372	12110	3550
2006	2121.8	1191.1	300	625.7	36522.7	10150	950	25422.7	0

资料来源：根据中国债券信息网发行专项数据整理所得。

8.2.2 央行票据逐渐退出公开市场操作的必要性

自 2003 年央行直接发行央行票据以来，已经 4 年有余。其间央行票据的发行不仅解决了央行公开市场操作手持现券不足的问题，增强了央行公开市场操作的准确性和灵活性，为央行货币政策调控、熨平货币市场波动提供了有力的工具支持，而且完善了固定收益产品收益率曲线，有助于市场短期基准利率的形成。然而，央行票据的持续巨量发行，也产生了一定的负面效应。

（1）央行票据作为公开市场工具的局限性

第一，央行票据发行面临困难。自 2003 年 11 月以来，我国央行票据由央行在银行间市场上，面向仅包括 43 家商业银行在内的一级交易商发行，发行方式以数量招标为主，由此造成的流标现象时有发生。这是因为，一方面，当时我国市场流动性过剩，股市投资十分火暴，大量占用市场资金，而央行票据招标利率偏低，不能有效地吸引资金，造成流标；另一方面，央行票据发行对象范围狭窄，不利于交易的活跃，因而也很难达到计划的发行数量和规模，不利于央行票据发行工作的顺利开展。因此，要继续扩大央行票据发行，困难重重。

第二，央行票据公开市场操作成本巨大。我国央行票据发行规模巨大，每年要为此承担大额的利息成本。据人民银行网站央行票据发行统计数据测算，从 2003 年开始正式发行央行票据到 2007 年 7 月 1 日截至，为发行央行票据应支付的利息为 2800 多亿元。而且随着我国利率的上调，央行票据的发行成本也不断抬高，其财务成本逐年上行。同时，央行票据发行所聚集的资金滞留在金融系统内，不能产生直接的经济效应，造成巨额资金的闲置浪费，甚至产生负面的社会效益，因为央行票据的大量发行，挤占了货币市场和资本市场部分资金，引起货币供求结构的紧张，导致其他券种被挤出，发行成本也被拉高。因此，巨额的发行成本和几乎为零的收益使得央行公开市场操作的成本十分高昂。

第三，央行票据的滚动发行助长了货币市场利率波动。熨平货币市场波动，稳定货币市场利率是央行票据的重要功能，但从近年来我国货币市场调控实践来看，公开市场上单纯依靠发行央行票据来稳定货币市场利率的作用并不大。原因在于，央行票据是通过以新还旧的方式来还本付息的，这必然导致央行票据发行规模的滚动增长，这种刚性发行会造成公开市场操作工具失去操作的灵活性。不论市场利率升降，央行都不得不继续扩大发行央行票据，央票操作的非灵活性会对我国金融市场的稳定造成负面冲击，也不利于我国货币市场的发展和利率市场化改革的进一步深化。

第四，央行票据冲销外汇占款的有效性不足。随着我国外汇储备的激增，外汇占款不断增大，央行被迫不断增加央行票据的发行规模来予以对冲。再加上兑付环节央行采取发行新票的方式来还本付息，这势必造成央行票据规模的滚动增长，其对冲外汇占款的边际效率则会递减。从表 8-2 可以看出，我国本外币有效对冲比率从 2005 年 49.67% 的历史高点，骤然下降为 2006 年 28.04% 的历史低点。如果再考虑滚动对冲的成本，其有效性则会更低。另外，央行长期滚动发行票据冲销外汇占款助长了货币市场利率的波动，从而吸引大量的国际游资源源不断的流入，外汇占款相应增加，央行冲销压力随之也水涨船高，可见，主要靠央行票据冲销外汇占款之举只能是权宜之计[101]。

表 8-2　2003—2006 年我国本外币有效对冲比率

	净回笼基础货币（亿元）	央票发行额（亿元）	本外币有效对冲比率（%）
2003	2694.00	7226.80	37.28
2004	6690.00	15072.00	44.39
2005	13848.00	27882.00	49.67
2006	10240.70	36522.70	28.04

资料来源：根据人民银行网站统计数据整理所得。

简言之，央行票据作为公开市场操作工具的局限性凸现，问题多多，说明央行票据仅仅是在短期国债规模严重不足情况下的一种过渡性的现实选择，长期看，不能替代短期国债成为央行公开市场操作的主流工具。

（2）短期国债担当公开市场操作主流工具的优势

相比其他公开市场操作工具而言，短期国债具有不可比拟的优势：

第一，综合操作成本低。不考虑其他发行费用，单就发行利率来看，选择短期国债进行公开市场操作成本最低。据相关数据显示，我国短期国债所有品种的发行利率均低于相同期限品种的央行票据，更低于同期回购利率。其中，3 月期品种发行利率低 25 个基点，6 月期品种低 12 个基点，1 年期品种低 54（57）个基点。因此，选择短期国债作为公开市场操作工具势必降低其操作成本。且短期国债筹集的财政资金可用于社会公共项目投资，产生直接的经济效应和更加广泛的社会效益，从而在一定程度上抵补了其发行成本。单从这个角度来看，作为公开市场工具，短期国债优于央行票据。

表 8-3　1998.01.01—2007.07.01 短期国债与央行票据发行情况（按期限品种）①

品种\期限	短期国债		央行票据		国债与央票发行利率差（BP）
	发行量（亿元）	发行利率（%）	发行量（亿元）	发行利率（%）	
3 月	2254.2	1.801	35244	2.066	27
6 月	300	2.123	7614	2.245	12
1 年	3280.4（2815.4）	2.009（1.994）	58505	2.497	49（50）

资料来源：根据中国债券信息网发行专项数据整理而来。

---

① 1. 表中括号内的数据为剔除 2003 年以前的国债发行数据后，计算得出的数据。

2. 央行票据从 2003 年开始正式直接发行，所以表中数据并不包括 2002 年替换国债正回购的 19 期数据。

第二，操作的潜在发展空间较大。就近年来我国短期国债发行情况来看，相比央行票据，短期国债发行规模小，发行频率低，市场存量少，回购频率不高，交易规模不大，作为一种被长期遗忘的公开市场操作工具，其未来可操作空间非常大。随着我国国债规模余额管理制度的实施，短期国债发行规模不断扩大，大量短期国债将涌入货币市场，成为央行票据淡出后的替代工具支撑公开市场操作，以保证央行公开市场操作的有效性。

第三，发行方便。目前，我国短期国债在一级市场上的主要购买者是居民个人和商业银行等金融机构，而且受现行法律的约束，央行只能在二级市场上买卖短期国债，因此其持有人范围更加广泛，有利于交易的活跃，促进发行进度，保证发行工作的顺利开展。

第四，有利于货币政策与财政政策的协调配合。短期国债是货币政策与财政政策协调配合的结合点。央行在进行公开市场操作时，要综合评估财政部国债余额的执行情况和具体操作；同时，财政部在安排发债计划时，也要考虑央行进行公开市场操作对短期国债的需求，合理规划和安排短期国债的发行时间、期限和额度，从而加强货币政策与财政政策的配合程度，避免政策冲突，提高政策调控的整体效率。

比较而言，短期国债作为公开市场操作工具优势明显，理应成为我国公开市场操作的主流工具。

8.2.3 短期国债取代央行票据支撑公开市场操作的现实可行性

短期国债取代央行票据支撑公开市场操作虽然具有一定的可能性和必要性，但就目前的国情看，短期内并不具备可行性。

首先，从供需来看，从 2003 年开始，我国经济过热一直存在，通货膨胀风险不断加大，流动性过剩问题持续加剧，为此，央行不断采取提高存款准备金、加息、发行央行票据等紧缩性措施，但效果并不理想，问题仍然存在，并不断恶化。在此种背景下，财政资金相对充裕，对短期国债的需求不大，并且，基于利率走高的趋势，出于减少发行成本的考虑，财政也倾向发行中长期国债筹资，而不是发行短期国债。因此，目前短期国债的市场容量还较小。实际上，从 2006 年 3 月我国实行国债规模余额管理制度至今，短期国债的发行状况确有改观，但只是相机的分散发行，并没有实现滚动发行，其发行规模增速也不如预想的那么快。就 2006 年全年发行规模来看，短期国债只发行2121.8 亿元，而央行票据发行 36712.5 亿元，规模相差如此之大，就决定了短期内短期国债不可能完全替代央行票据。由此可以得出，短期内我国财政对短期国债供需不旺，短期国债市场的发展还任重道远。当然，2008 年第三季度美国金融危机引发的全球经济衰退，使情况发生了急剧变化，全球金融形势不再是流动性过剩，而可能将面临通货紧缩。中国也适当放松了银根、下调了利率，实施了扩大政府支出、拉动内需的积极财政政策。在这种情况下，国债规模必将扩大，由于这些国债筹集的资金主要用于政府投资项目，不能依靠发短期国债解决，因而短期国债的规模也不可能很快扩大。但是，如果考虑放松银根和利率下降的预期，适当增加短期国债的发行规模，不但可以降低国债融资成本，而且正好抓住时机减少央行票据的发行，加快短期国债代替央行票据的进程。

其次，央行票据的面市虽然被看作权宜之计，但在短期内要完全退出也是不现实的。一是因为央行票据的规模较大，在短期内，将会保持惯性增长。二是央行票据已成为制定市场短期利率的基准参照。三是汇率制度改革以来，外汇储备激增，外汇占款冲销压力不断加大，在短期内短期国债难以迅速扩容的情况下，央行只能延续一贯做法，持续大量发行央行票据予以对冲。四是短期国债主要是基于财政调控的需要，而央行票据则主要出于对冲外汇占款的需要，二者各有侧重，在一定意义上，可以协调配合。即使将来短期国债的发行规模增加到很大，在较长时期，短期国债与央行票据可能并存。五是央行票据操作成本有所降低。由于我国外汇储备以美元为主，且主要用于美国短期国债投资，所以其投资收益便构成了央行票据的相应收益。从 2004 年开始，美联储连续 17 次升息，短期国债收益率大幅上升，因此从成本收益比较来看，央行发行央行票据冲销外汇占款已经扭亏为盈[102]。但若再考虑人民币升值、美元贬值，则其操作成本问题并没有彻底解决，仅仅有所降低。因此，央行票据在短期内仍可以持续发行以服务于央行公开市场操作，但要确保在央行可控制范围内进行，不可盲目扩张。

综上所述，短期国债在短期内不可能完全替代央行票据，两种工具将长期并存。在此基础上，公开市场操作工具应逐步转向短期国债，但这必须在财政与央行的紧密协作的前提下进行。在公开市场操作工具选择上，先试行短期国债与央行票据并行，在短期国债与央行票据的发行数量、期限、时间安排和利率安排上合理规划、密切配合，然后积极创造条件，促使公开市场操作工具尽快向短期国债为主的方向转变。事实上，我国也正在做此方面的有益尝试。2007 年 6 月 27 日财政部发行特别国债购买外汇议案正式提交全国人大常委会审议通过，根据这一议案，财政部发行特别国债 15500 亿元人民币，购买约

2000 亿美元外汇，交由外汇投资公司进行投资。据有关人士的分析，特别国债主要为 10 年期以上的可流通记账式国债，并很可能会采取类似央票一样的滚动发行模式直接向央行发行，虽然这种做法还存在一定的法律障碍[103]。这种央行资产负债表内的资产置换，有助于减轻央行对冲压力，同时为央行提供有效的货币政策操作工具，有效缓解流动性偏多问题。此举无疑是在短期国债规模难以迅速扩大以及存在流动性过剩的情况下，财政与央行联手以长期国债来冲销外汇占款的一次大胆创新。

总之，我国在短期内央行票据和短期国债将互补并存，此消彼长；长期内，短期国债将逐渐替代央行票据成为我国央行公开市场操作的主导工具。

8.3　结论与建议

综上可见，国库现金管理的本质是政府资产负债的综合管理。政府资产管理是指国库存款余额的运作以求得政府资金风险最小化基础上的收益最大化；政府负债管理在政府现金管理中则是指利用公债期限结构的合理组合与公债的买卖熨平国库现金流波动，以保证国库开支的需要和降低融资成本。从政府负债管理的角度来看，当国库现金余额出现不足时，为满足政府财政支出的需要，政府选择发行债券筹集资金是最有效的，考虑到国库资金波动的短期性特征，国库现金管理框架下的政府债务管理为解决政府季节性现金需求，弥补政府短期预算赤字，要求发行短期国债。相比发行中长期国债以实现财政收支一般均衡，发行短期国债有助于实现财政收支在时间上的匹配，是一种灵活性较强的政府债务管理工具。发行短期国债主要目的是平衡年度内季节性国库预算收支的余缺。

随着国库现金管理创新的不断推进，政府债务管理将从被动地、分散地执行国债发行和还本付息等职能转向以政府债务组合为内核的主动地、全面地债务管理。短期国债作为货币市场工具，是连接国库现金管理、政府债务管理与货币政策的纽带，因而，国库现金管理中的政府债务管理还有与央行货币操作管理相协调的问题。二者协调配合的关键问题是什么呢？由于央行直接介入国债一级市场，无论是增发货币还是动用存款准备金来直接购买国债，都会增加货币供给量，由此所带来的通货膨胀压力势必会冲击央行货币政策的选择和实施。因此，一般发达国家不允许央行直接进入国债一级市场。我国 1994 年《中国人民银行法》：央行"不得直接认购、包销国债"的规定说明，政府债务管理横跨一、二级市场，央行货币政策调控活动限定在二级市场。所以，我国政府债务管理与央行货币政策的协调配合的问题，集中体现在实施新型国库现金管理模式之后，短期国债将担当公开市场操作的主流工具。研究表明，短期国债的确有替代央行票据成为公开市场操作主流工具的必要与可能性。但短期内央行票据仍将在央行货币政策调控中发挥重要作用。基于以上结论，为保证我国公开市场操作的顺利开展，财政部门和央行需要在以下方面做好相应的安排：

第一，加强国债管理，不断深化国债管理体制改革，优化国债期限结构，改进发行方式，适时推出短期国债的滚动发行机制，促进国债二级市场的统一，拓宽国债投资渠道，提高国债流通效率，并推广银行间市场 DVP（券款对付）交易方式，提高托管效率，尽早实现国债的统一托管结算和集中监管。

第二，完善央行票据管理，要采取更加灵活的发行方式，拓宽一级交易商范围，完善央行票据的滚动发行机制，并积极尝试央行票据的提前偿还操作手段。

第三，注意财政与央行的协调配合，在宏观经济政策方面，财政部与央行要积极协调、紧密配合，有效化解政策冲突。为此，一方面，在国债管理、国库管理和货币政策决策和机构设置上，财政部门与央行应明确分工、彻底分离，以保证央行货币政策的独立性；另一方面，要建立专门的协调委员会或松散的经常性沟通渠道，加强双方的信息交流和磋商，以保证在政策操作层面上开展必要的协调配合。

第九章

国库现金管理与央行货币政策管理的协调配合（下）
——国库现金管理与央行货币政策管理协调的制度安排

根据前几章的分析可知，国库现金管理与货币政策管理存在着不可忽视的密切联系，国库现金管理与货币政策管理的协调配合问题，是实行国库现金管理改革各国都不能忽视的问题。尤其是作为经济体制转轨和新兴市场经济国家的中国，在建立现代国库管理制度、创新国库现金管理体制的进程中，更应该重视国库现金管理与货币政策管理的协调配合问题，探索适合国情的国库现金管理与货币政策管理协调配合的制度安排。

9.1 国库现金管理与货币政策管理协调的国际经验

回顾国际操作实践，在现金管理改革中处于领先地位的是澳大利亚、加拿大、芬兰、新西兰、瑞典、英国和美国。国库现金管理从一开始，就与货币政策存在着千丝万缕的联系，这一点在实践和理论中都得到了证实，对于国库现金管理与货币政策的协调，是实行国库现金管理改革各国都不能忽视的问题，在改革的先行国家中，已经采取了一些措施来解决国库现金管理与货币政策的冲突。由于国库现金管理与货币市场的联系贯穿现金管理始末，不可能仅仅通过管理的某个环节来实现国库现金管理与货币政策的协调配合，所以各国的国库现金管理实践在管理机构设置、国库余额管理、投资运作管理各个层次中都有基于考虑货币政策关系的制度设计，以避免国库现金管理与货币政策管理二者之间的冲突，下面分别进行分析。

9.1.1 管理机构设置中的协调

（1）现金管理机构与货币政策运作彻底分离

保持中央银行的独立性，是宏观经济调控的客观需要。现金管理是财政部门的重要职责之一，并对货币政策有重要影响，因此将现金管理机构与货币政策运作机构相分离，这是国际上通行的做法。以避免向市场发布矛盾的信息引起市场的种种猜测，并保证市场政策的透明清晰。

英国于1997年提出了将现金管理责任由中央银行向国库下属的债务管理局（DMO）转交，把现金和债务管理的功能从英格兰银行转嫁给DMO的原因在于按照政府的决定要给英格兰银行完全的独立性，来完成设定短期利率以履行货币政策职责，划清中央银行和国库（Treasury）的职责以避免它们在市场操作中发生任何可能的利益冲突[104]。英格兰银行的筹款透支贷款（Ways and Means overdraft facility）在新现金管理体系过渡的时候将被冻结，未付余额将在随后按《马斯特里赫特条约》进行偿付。

澳大利亚的国库现金管理执行机构为金融管理局，于1999年7月从国库部门分离独立，虽挂靠于国库部，但机构、人员相对独立自主，首席执行官（CEO）直接对国库部长负责。新西兰国库现金管理的主要机构是债务管理局（DMO），于1988年设立，专业管理国库现金，并作为新西兰债务政策唯一的制定和实施机构。债务管理局隶属于国库部，但享有高度自主权，局长由国库部秘书长兼任[105]。

一般而言，OCED国家的国库现金管理机构都设置于国库部门，而国库部门或独立于财政部门，或下属于财政部门，但与中央银行的关系都是相互分离的。但两者在政策决策与机构设置上的完全分离，不影响它们在操作层面的协调配合。

（2）设置与货币政策相协调的工作目标

为了避免现金管理与货币政策发生冲突，英国对债务管理局的工作目标中与货币政策可能发生的冲突做出了详细的说明：英国债务管理局（DMO）应出于现金管理目的执行独立的国库职责，以负责管理财政部的短期英镑资产和负债，并同时努力最小化每日净现金流量。DMO的职责是：①在不影响短期利率水平的前提下对现金流进行管理；②考虑央行（英格兰银行）的操作需要；③充分考虑现金管理对货币市场效率的冲击。英国债务管理局的操作与中央银行的流动货币市场操作不同，DOM在任何特定的交易日中可能是净借方也可能是净贷方，它将在短期收益曲线上的不同点上运行。英国债务管理局的日常操作是为了抵消在英格兰银行的政府账户中的财政部总现金头寸变动。"在这样做的同时，DMO还将设法避免以下的运作与安排：破坏英镑货币市场的有效运作或与英格兰银行执行货币政策的操作需要相冲突"①。为了货币政策目标而控制短期利率水平的是英格兰银行的操作，而非英国债务管理局。

在美国，为了实现国库现金管理与央行货币政策的协调，国库部门与联邦储备银行联合推出了财政税收及借款计划TT&L，通过促进联邦储备银行的国库平衡来抑制银行储蓄总额中的波动，是财政税收及借款计划的基本目标，也是一个最初目标。同时，财政税收及借款计划也是国库管理系统的重要组成部分，并且衍生出两个与此相关的派生目标：优化联邦税收付款和强化公共资金在私人储蓄机构投资的利润。该计划介于联邦储备货币政策和国库现金管理之间，而且有学者通过实证研究说明：不论是对纳税人和整个经济而言，还是两大部门之间的长期合作而言，财政税收及借款计划都是大有裨益的[106]。

9.1.2 目标余额管理中的协调

OECD国家几乎全都将国库单一账户设在各国的中央银行，由中央银行对政府的财政资金进行有关的存取和往来结算，并收取一定的手续费，同时按照市场主导利率向国库单一账户资金余额支付利息。国库与央行之间以相关的法律和制度为委托依据，职权、利益关系明确。这样的设置有助于国库现金管理与货币政策的协调，一方面，国库存款是各国央行用来调控社会货币供应量的基础货币的重要组成部分，国库单一账户上的国库资金运作状况对整个社会的货币流量会产生重大影响；另一方面，中央银行可以为国库现金管理机构提供有关国库余额的信息，帮助其预测与维持稳定的库底资金，为国库资金的管理发挥重要作用。

美国将财政存款余额分别存放在联邦储备银行开设的统一基金账户和在商业银行开设的具有完全担保的特殊银行账户"税收与贷款账户"，并对现金余额进行市场化操作。该账户结构的设计正是为了消除财政收支变化引起的货币供给的不适宜扩张和收缩。美联储可以从财政部事先知道财政何时将资金从税收和公债账户上转入其美联储账户上，预测资金波动，通过灵活运用货币政策工具与操作来稳定金融市场，避免存款大量地、无节奏地流出或流入银行系

---

① UK DMO. THE DEBT MANAGEMENT OFFICE'S FINANCING REMIT FOR 2008—09.

统[107]。同时，国库现金管理者和联邦储备银行共同估算出近期在储备银行的最终国库余额，对比估算结果，达成一致意见，并采取当日的自由支配的现金管理措施，通常情况下，决策措施是根据这两种估算的简单平均值做出的。如果最终的余额预测平均值超过了目标余额，国库就会把投资机构的那些没有实质性抵押，并且在余额限制之下没有接收额外余额空间的超额余额用于投资。如果最终的余额预测平均值低于目标余额，国库为了弥补预期的资金短缺就会使用多日资金请求计划。

9.1.3 投资运作管理中的协调

（1）注重投资价格即利率决策上的协调

英国 DMO 试图管理现金流而不影响短期利率。DMO 的管理方法中很重要的一部分就是努力保证其行为不会扭曲市场或交易方式。在与市场的双向交易中，DMO 是价格接受者并且它的责任是有效地平衡政府现金流。这意味着当 DMO 考虑到市场水平去寻找一种有效地平衡财政部现金流的方法时，它在现金管理操作中并不会以利润目标或追求对自身有利的利率水平，DMO 的工作在市场进行，运作基于货币市场的"商业"基础，与其他市场参与者使用相同的方法来平衡成本与风险，并没有规制权力。英国债务管理局（DMO）不会在中央银行制定的利率水平上获取投机收益。英国债务管理局（DMO）不会与货币政策委员会（包括没有投票权的国库（Treasury）代表）就利率决策及其想法进行接触。除此之外，英国债务管理局（DMO）不会收到财政部或国家统计局及其他政府部门的对市场短期利率预期。

（2）注重投资操作上促进二者的协调

在货币市场充分发达的国家，国债特别是短期国债同时作为国库现金管理与货币政策操作的重要工具，通过对国债市场扩大市场容量和完善期限结构能够为二者提供更好的操作平台，特别是在国库现金管理活动中，滚动发行短期国债可以为货币政策操作提供更为丰富的筹码。因此，发达国家在国库现金管理改革中优先发展更短期限的国库券市场。在英国，债务管理局通过国库券的发行来实现其政府现金管理操作，国库券同时也可以作为中央银行的货币政策工具，在债务管理局所发布的《英国国库券数据备忘录》中对此工具有这样的描述："国库券可被用作英格兰银行的公开市场操作工具，……以及被用作 DMO 国库现金管理操作的一部分"，"国库券的期限分为1个月，3个月，6个月以及12个月，然而，DMO 期望在引入较长期限的国库券之前优先建立更短期的国库券市场"①。但国库券的发行（拍卖）由债务管理局执行，为满足英格兰银行的需求，DMO 也会在国库券招标的规模基础上增加特定的数量，用于此部分的国库券招标数量会在每周的国库券招标公告中予以确认[108]。

OECD 部分国家的中央银行还具有为政府制定融资计划的权力，当国库账户出现入不敷出时，为满足政府日常支出的资金需要，央行为政府账户发行债券筹集资金，或通过公开市场操作出售债券来筹集资金；当国库资金出现盈余时，及时利用剩余资金向商业银行发放贷款或通过公开市场操作购买债券，使国库资金余额的持有成本最小化。例如，加拿大央行是政府的银行和融资顾问，它肩负着维持政府账户资金平衡的职能。因此，加拿大中央银行在金融市场部专门设立了国库管理处，具体负责预测和分析国库资金状况，并及时采取相应对策。国库管理处一方面根据经济发展状况等因素分析、预测税收收入的情况，另一方面根据预算支出计划等因素预测国库支出需求，然后做出发行短期国债或向商业银行提供贷款的数额、时间、方式等决策并付诸实施[109]。

9.1.4 注重建立财政与银行的协商机制

为了增加财政与央行彼此之间协商、协调的机会，以减少政策磨擦，加强合作，发达市场经济国家一般都设立了专门的财政和央行工作协调委员会。为了便于银行进行货币管理，财政定期向银行提供详细的现金流量计划，反映财政资金的需求及在银行存款的变动情况。央行则对政府公债的发行时间、发行券种、发行期限、发行利率和发行方式等提出政策建议，对政府公债的二级市场交易提供便利和服务，并向财政部提供实时的交易信息。

在英国，国库现金管理机构通过英格兰银行联系、商讨，来确保现金管理操作与货币政策操作不相抵触。国库现金管理的现有机构设置是由英国财政部加以发展的，债务管理局必须和英格兰银行进行协商，以保证债务管理局的活动不会对英格兰银行的货币政策操作造成影响。特别是债务管理局不会在英格兰银行货币市场操作的时间（通常是上午 9:45 和下午 2:30）进行短期国债的定期拍卖和临时拍卖，债务管理局也不会进入被认为与英格兰银行每日回购操作相竞争的逆回购交易。债务管理局不会在金边债券拍卖日或者货币政策委员

---

① Yibin MU. *Government Cash Management and T-bill Program in the UK and Implications for Emerging Economies.* April 11, 2004

会决策日进行临时短期国债拍卖的第二次投标（上午 10:00）。债务管理局还可以发行短期国债来帮助英格兰银行管理货币市场。如果受英格兰银行的委托，债务管理局必须增加短期国债的拍卖数量。同时，债务管理局必须在公告中明确为英格兰银行发行的短期国债数量大小。英国债务管理局（DMO）不会公布其现金需求的每日预测。然而，结算银行提供给英国债务管理局（DMO）的隔夜备用贷款（overnight standby facility）可被英格兰银行用作预测下一天的货币市场的资金短缺情况[110]。

9.1.5 国际经验对我国的启示

综观国库现金管理改革的先行国家，国库现金管理与货币政策协调配合主要体现在以下几方面的制度安排：

首先，通过管理机构上的分离来保持国库现金管理与货币政策管理两者协调中货币政策的独立性，明确界定国库现金管理机构运作中与货币政策交叉领域中的职责，并将避免对货币政策产生影响作为国库现金管理机构的工作目标；

其次，通过国库单一账户联系加强国库现金管理机构与中央银行两部门之间的信息沟通，中央银行为国库现金管理机构的余额管理提供信息参考，甚至直接参与国库余额测定及现金流预测，国库现金管理机构及时将现金操作信息传递给中央银行，以使其掌握国库现金管理对货币市场的影响并及时采取操作抵消此影响。在此值得注意的是，国库现金管理机构不得利用交换信息来获取投机收益。

再次，国库现金管理作为市场参与方进入货币市场进行投资运作，是价格（利率）的接受者而不是制定者，不影响中央银行利率决策的独立性。对于现金管理与公开市场操作在投资工具上的冲突，短期国债同时作为二者的最佳操作工具，一个发达、规范、透明的国债（特别是短期国债）市场是二者协调的关键。

最后，对于一些其他潜在的运行冲突，通过建立合作机构或协商制度安排来解决，如国库现金管理部门不得已干涉了货币政策，需要与中央银行关于这些工具干涉的时期达成一个共识，以不至于切断中央银行货币政策的运行。

9.2　中国国库现金管理与货币政策协调的制度设计建议

国库现金管理与货币政策的协调方向是国库现金管理不影响货币政策决策的独立性，货币政策要考虑到国库现金管理对货币政策实施的影响。根据前文所述的贯穿于国库现金管理始末的国际上先进国库现金管理做法与货币政策的协调机制，再结合前文提出的我国新型国库现金管理体制框架，本文认为我国的国库现金管理与货币政策协调的制度设计可以从以下几个层面展开。

9.2.1 财政部门设置专门的国库现金管理机构

设置专门的管理机构是国库现金管理的本质要求，从与货币政策协调的角度来看，国库现金管理也不适合由中央银行具体管理，否则会导致国库现金管理与货币政策之间出现冲突，并可能引起市场对货币政策动向的种种猜测。因此，我国国库现金管理机构只能下设于财政部门，但鉴于我国的国库长期由人民银行经理，为了使国库现金管理机构早日有效运转，可以由熟悉国库业务与货币市场操作的人民银行协助财政部门共同组建国库现金管理机构，但要避免该机构受人民银行操纵沦为货币政策的从属工具，国库现金管理机构应当由财政部门管理，这样既保持了国库现金管理与货币政策决策与管理战略的独立性，又满足了国库现金管理业务能力的需要。本着国库现金管理决策应与中央银行短期利率决策内幕信息隔绝、由操作目标迥异决定的国库现金管理操作要与货币政策操作彻底分离，以及提高货币政策操作与国库现金管理操作透明度等三项原则[111]，财政部作为"现金管理者"（Cash Manager）要切实履行国库现金管理的具体操作职责，并注重发挥中央银行作为"政府银行"（Government Banker）的开户银行职能，以期建立安全高效的、公正透明的、具有中国特色的国库现金管理运行机制。

9.2.2 建立科学的国库余额管理账户体系

（1）以国库集中收付制度为国库现金管理与货币政策协调的基础

依托国库单一账户体系建立的国库集中收付制度是国库现金管理的基础，也是国库现金管理与货币政策管理协调的基础。采取建立国库单一账户体系基础上的国库集中收付运行机制，已缴纳和未支付的财政资金统一由财政部门通过在人民银行开设的国库单一账户持有；非税收入收缴和财政资金支付，通过财政部门在商业银行设立的零余额账户和为预算单位在商业银行开设零余额账户运行。在国库单一账户体系基础上，以信息系统为支撑，税收收入和非税收入收缴的资金及时进入国库单一账户或财政专户，财政资金支付按照用款计划和规范程序，通过财政或授权预算单位直接支付到供货商或最终用款单位，不经过中间环节，并通过电子化的监控系统对单位账户和资金收付交易进行实时监控。在人民银行开立的国库单一账户成为记录国库现金收支状况和进行余额管理的账户，可以加强国库现金的集中管理；国库资金的集中收付是国库现金管理的基础，能使财政和中央银行迅速、全面地掌握国库现金流情况，同时也使中央银行能够全面掌握国库资金对流动性的影响。中央银行可以通过对国库单一账户资金变化情况的分析和预测，为中央银行制定利率和货币政策提供决策依据，从而进一步促进货币政策与财政政策的协调和配合。

（2）设立两级政府存款账户体系调整政府存款在央行与商行的头寸比例

政府存款在中央银行和商业银行的头寸分布变化，会直接影响到货币市场流动性状况，显然，对此头寸分布的有意识调整可以有效地配合货币政策的实施。但当前我国实施的国库单一账户制度改革并没有这方面的考虑，汪洋（2007）认为，现行的《中央国库现金管理暂行办法》提出运用商业银行定期存款方式来管理国库现金，这种方式没有考虑到与货币政策的协调配合，如在2007年紧缩性货币政策目标下，国库现金的商业银行存款进一步扩大了流动性。应当借鉴美联储的税收与贷款账户制度，在国库单一账户基础上建立两级政府存款账户体系，实现政府存款头寸在中央银行与商业银行之间的调配。设立"两级政府存款账户"体系，即财政部门除在中国人民银行开设"政府存款"账户外，同时还在商业银行开设"国库存款"账户（类似美国的"税收与贷款账户"）。商业银行对财政部门的"国库存款"账户存款付息（其利率与一般性存款利率相同），对商业银行"国库存款"账户的存款征收与一般性存款相同的法定存款准备金率。在这个体系下可以利用这两个账户转移资金，达到紧缩和扩张流动性的目的，即当需要紧缩流动性时，将政府存款从商业银行转移到中央银行货币当局；反之，则反向操作实现流动性扩张的目的[112]。根据以上描述可以将国库单一账户基础上的两级政府存款账户体系绘图9.1所示：

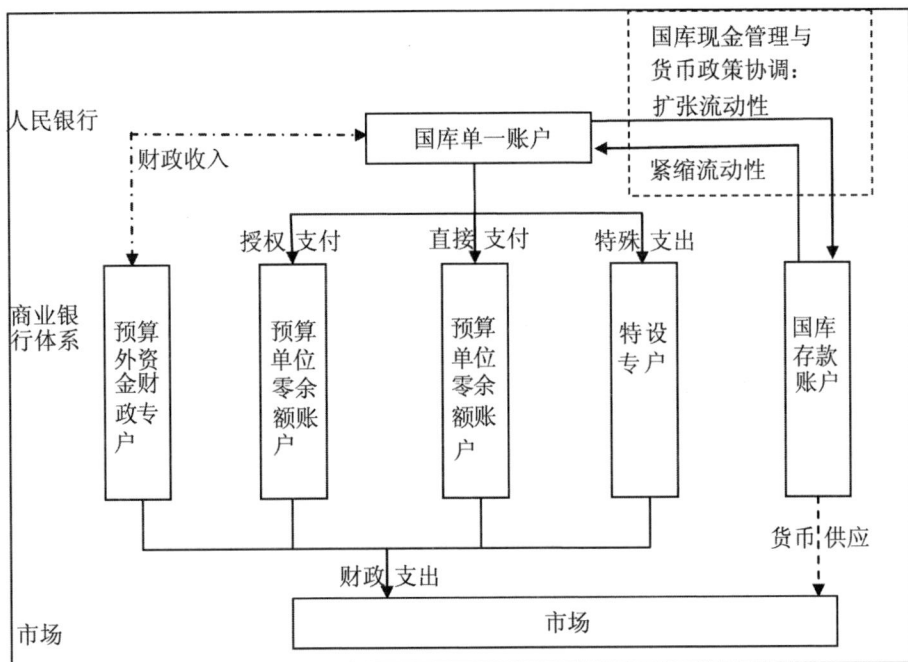

图 9.1　国库单一账户基础上的两级政府存款账户体系

　　这个观点不无道理。的确，应该在国库集中支付单一账户基础上设立国库资金存款两级帐户。这样做的好处是：首先，所有财政收支必须经过国库在央行开立的国库集中支付账户体系，即便于财政资金的集中统一管理，有利于国库现金管理与央行的协调配合；其次，设立两级国库资金存款账户体系是为了便于国库现金管理操作，实现国库余额头寸在中央银行与商业银行之间的调配。当财政在中央银行国库存款账户上的国库资金余额超出目标余额时，开立在商业银行的国库存款账户，就便于在央行的国库资金余额通过其进入货币市场进行投资；当财政在中央银行国库存款账户上的国库资金余额不足、不能够满足财政支付时，就可利用商业银行开立的国库存款账户退出货币市场，进入央行的国库资金存款账户即时满足财政支付。从而，实现国库现金管理能够主动有效地配合央行货币操作，避免其与货币政策目标相悖的现金管理操作，并进一步增强中央银行的货币政策效果。

9.2.3 明确国库余额投资运作管理中财政与央行的职责

（1）中央银行为国库现金管理运作提供操作协助

人民银行要发挥管理国库单一账户的优势，通过国库单一账户及时了解政府资金收入、支出及借款等方面的情况，为中央银行进行公开市场业务操作，维持货币市场资金供求平衡、利率稳定提供决策依据。市场经济条件下，政府债务与现金管理机构通常选择中央银行作为其结算、清算机构，这样做可利用本国中央银行清算系统以及与国际清算组织之间建立起来的电子网络。此外，国库现金的货币市场运作一般可委托中央银行代理，即便由财政部门自行操作，也需中央银行的配合，尤其是在货币市场关闭之后出现的现金盈余，只能由中央银行代为处理，这样做既可提高国库资金收益，也有助于中央银行的货币政策操作。

国库资金本质是财政资金，国库现金的管理主体也必然是财政部门，各预算单位财政存款账户的设立、撤销与调整，均需经财政部门同意，并按财政部门的要求开设，但中央银行负有为政府开设与维护国库单一账户的责任，要收集与整理国库资金每日变动及日终余额信息，及时与财政部门实现信息共享，加强国库现金流的统计、分析和预测，准确把握国库现金的流向和流量，预测年度、季度，甚至每天国库现金流变化情况，以提高国库现金操作和国库融资的准确性。换个角度看，政府资金的规模、流量及波动，也是中央银行制定与实施货币政策时必须考虑的一个重要因素。因此，中央银行也需要从货币政策角度对国库现金流做出预测。而财政部为有效管理政府国库现金，同样需要建立国库现金流预测机制，安排专职人员负责此项工作。因此，中央银行与财政部密切配合，有助于双方开展各自的工作。

（2）国库现金管理运作为货币政策操作提供必要的便利

财政部门作为国库现金管理的主体，是货币市场上的具有特殊身份的投资者与融资者，可以追求债务成本最小化，但不以投资获利最大化为目标，这样有利于保证财政部不利用自身的优势干预利率决策。财政部国库管理局适时适度开展国库现金运作，比如依托于银行间债券市场，以债券承销机构作为交易对手，进行债券回购或回售，能在一定程度上促进货币市场和债券市场的发展与完善，有助于完善中央银行货币政策的操作环境。但是，财政部门作为货币市场上具有特殊身份的投资者与融资者，根据库款资金情况开展国库现金运作，其操作将对市场资金供求和流动性产生很大影响。对于现金管理操作的交易方式、工具、对象、时点及金额等方面，财政部应事先与中央银行沟通、协商，达成一致，并及时向社会公布，避免与中央银行公开市场操作相冲突，确保政府现金管理与货币政策的顺利实施。及时的信息交流有助于中央银行采取操作，以抵消政府交易在银行部门流动性方面的影响。国库现金管理和公开市场操作还可以将保持趋势的一致，或者互为补充，在市场资金波动较大的时候熨平利率波动。财政部应坚持滚动发行短期国债，有助于形成短期债券的基准收益率，使中央银行及商业银行持有足够数量的短期国债，还可完善货币市场以及短期国债市场，为中央银行的货币政策操作提供良好的基础条件。此外，应中央银行要求，财政部还可发行特别短期国债，帮助中央银行管理货币市场或实施特定的货币政策。

9.2.4 建立国库现金操作与货币政策操作的协调对冲机制

如何将国库现金在商业银行和中央银行之间进行合理分布，避免货币信贷的急剧收缩和扩张，提高货币政策调控水平和艺术，是国库现金管理的难题。为此需要做如下努力：

第一，建立财政与中央银行之间的协商机制。市场经济发达国家都十分重视财政与中央银行之间的协商工作，并建立专门的工作协调委员会，加强沟通和协调，减少磨擦和冲突，以提高宏观经济政策的功效。我国可借鉴西方国家的经验，建立财政与中央银行工作协调委员会，对财政政策、货币政策及国库现金管理等重大问题进行磋商和协调，防止出现财政部和中央银行的"对敲"行为，避免国库现金管理与货币政策操作的冲突。

第二，建立国库与中央银行之间对冲机制。国库单一账户上资金出现收不抵支时，相应会引起社会资金流量的相对增加。这样，中央银行应采取相应的措施，如通过公开市场操作出售债券，以达到增加货币回笼的目的；当国库资金出现盈余时，相应会引起社会资金流量相对减少，中央银行应当在确保政府日常支出资金需求的前提下，采取相应措施，如通过公开市场操作回购债券，从而增加货币投放。为保持货币供应量、市场利率的相对稳定，应采取适合中国国情的国库现金操作方式，利用国库单一账户现金余额的变化对货币政策进行微调；同时，在坚持对冲操作大方向的前提下，根据国库现金流的特点，适时适度进行灵活操作，避免国库收支的巨大波动造成货币的急剧收缩和扩张，从而减少国库现金操作对货币政策的冲击，即通过建立协调和对冲机制，确保国库现金操作与货币政策操作的协调一致。

9.3 小 结

国库现金管理与货币政策管理协调的目标是国库现金管理活动尽量不影响货币政策决策的独立性，货币政策管理的决策也要考虑到国库现金管理对货币政策实施的影响。国库现金管理与货币市场的联系贯穿现金管理始末，不可能通过管理的某个环节来实现国库现金管理与货币政策的协调。所以，各国的国库现金管理实践均在管理机构设置、国库余额管理、投资运作管理几个层次中考虑了与货币政策关系的制度设计，以避免二者之间的冲突。

借鉴国际上先进的国库现金管理经验，我国的国库现金管理与货币政策协调的制度设计须从以下几个层面展开：

第一，财政部门设置专门的国库现金管理机构。我国国库现金管理机构应设于财政部门，但鉴于我国的国库长期由人民银行经理，为了使国库现金管理机构早日有效运转，可以由熟悉国库业务与货币市场操作的人民银行协助财政部门共同组建国库现金管理机构，但要避免该机构受人民银行操纵沦为货币政策的从属工具，国库现金管理机构应当由财政部门管理。

第二，建立科学的国库余额管理账户体系。在人民银行开立国库单一账户，记录国库现金收支状况和进行余额管理，使财政迅速、全面地掌握国库现金流情况，同时使中央银行也能够全面掌握国库资金对流动性的影响。中央银行可以通过对国库单一账户资金变化情况的分析和预测，为中央银行制定利率和货币政策提供决策依据，从而进一步促进货币政策与财政政策的协调和配合。其次，借鉴美联储的税收与贷款账户制度，在国库单一账户基础上建立两级政府存款账户体系，实现政府存款头寸在中央银行与商业银行之间的合理灵活调配，为实现国库现金管理与货币政策协调配合提供技术平台。

第三，明确国库余额投资运作管理中财政与央行的职责。中央银行应该为国库现金管理运作提供操作协助，国库现金管理运作要为货币政策操作提供必要的便利。

第四，建立财政国库与中央银行之间的协商与对冲机制。通过建立协调和对冲机制，确保国库现金操作与货币政策操作的协调一致。

第十章

结 束 语

10.1 研究结论

国库现金管理本质上是一种成本效益性管理，是一种提高政府国库现金收支和头寸管理效率的政府内部和政府与其他部门之间的激励性制度安排。本书研究的主要目标是对构建适合我国公共财政发展要求的新型国库现金管理体制模式进行系统论证，为我国国库现金管理体制改革提供决策参考依据。通过分析研究可以得出如下主要结论：

第一，我国现行的国库现金管理模式不符合公共财政发展的要求，必须对其进行改革与创新，逐步建立新型的国库现金管理体制。因为我国国库现金管理体制所面临的内外部环境正在发生变化。从外部环境因素看，我国正处于计划经济向市场经济转轨的深化阶段，我国市场经济体制框架基本建成；从内部环境看，由市场经济决定的我国公共财政框架的建立和国库制度正在进行的集中收付制度改革实践，已经打破了现行国库管理制度的均衡，庞大国库现金闲置余额的存在及其存在的潜在获利机会，说明亟须改革创新我国现行国库现金管理制度，否则任由大量国库现金余额闲置，就不符合公共财政提高公共资源配置效率和社会总福利水平的客观要求。

第二，国库现金管理体制创新的目标是通过全面的现金流预测与监控机制，用科学的方法测定国库最佳现金持有量，并引入市场机制对国库现金余额投资运作，以获得风险最小化的投资收益，实现提高国库现金使用效率的管理目的。新型国库现金管理体制的构建应结合我国实际国情，借鉴国际通行做法，从制定新的国库现金管理制度、创新国库现金管理方法、完善管理机构及其相关的运行机制等几方面着手。

第三，国库最佳现金持有量的测定是国库现金管理创新的核心内容。国库现金流量状况良性的标志是保持国库现金余额合理的持有量、避免国库现金余额波动过大。我国国库现金流量的基本状况是国库现金余额呈不断上升趋势，而且波动性较大，债务余额占现金资源的比重不断增加，国库现金闲置现象严重，国库资金效益有待提高。测定国库最佳现金持有量有两个著名的模型，一个是理想模式下的计量模型，即 Baumol 模型，另一个是随机模式下的计量模型，即 Miller-Orr 模型。通过比较分析发现，随机模式下的 Miller-Orr 模型更接近国库运行实际情况。尤其在我国国库现金管理创新初期，全面的现金流余额与监控体制也在逐渐完善的状况下，难以准确预测到国库现金最佳持有量。最好采用比较保守的 Miller-Orr 模型来测定国库现金最佳持有量，同时根据实际经验，围绕初步预测到的国库现金持有量，规定一个国库现金最佳持有量的最高限额与最低限额，通过合理的投资运作，使国库现金余额尽可能保持最佳持有量，不能超出最高限额与最低限额。当我国新型的国库现金管理体制发展完善后，能够做到准确预测与监控现金流的情况下，可采用 Baumol 模型测定国库最佳现金持有量。

第四，将超过国库最佳现金持有量的库底资金余额进行投资运作是国库现金管理创新的重要内容。从市场经济国家国库现金管理的成功经验看，高效的国库现金管理体系要求国库最佳现金持有量尽可能精确到日余额。但是，我国正处于经济体制转轨时期，影响国库资金流波动的各方面不确定因素很多，在我国新型国库现金管理体制建立的初期，全面的现金流管理与监控体系正在逐渐建立与完善，目前尚难以准确预测到每日国库现金最佳持有量。因此，目前应当以月度国库现金最佳持有量为依据进行稳健的国库现金投资运作。结合我国资本市场与货币市场发展的实际情况，遵循安全性第一、流动性第二、效益性第三的原则，应选择我国货币市场进行投资运作，主要的投资工具可选择协议存款、同业拆借、国债现券与回购、政策金融债券现券与回购交易、中央银行票据现券与回购交易等。某省国库现金余额投资组合模拟结果揭示，库底现金余额投资运作的确能够使国库资金增加收益。

第五，实施新型国库现金管理模式应将债务管理与之协调配合。因为国库现金管理与政府债务管理的结合，既有利于节省政府筹资成本又能提高国库资金使用效益，还可促进金融市场的完善。因此，应该在建立国库资金动态分析机制的基础上，根据国库资金波动规律和国库资金余缺，一方面，定期滚动发行短期国债，实现短期国债期限和品种结构的多样化，以满足投资者、央行和国库现金管理的需要；另一方面，定期发行或提前赎回中长期国债，节省政府筹资成本。

第六，国库现金管理与央行货币政策管理之间存在内在联系：一方面国库现金存入中央银行即转化为基础货币，如果大量沉淀于中央银行就会产生明显的收缩货币供应量效果，从而对实施扩张性货币政策产生消极作用；另一方面国库现金管理能够配合中央银行货币政策的有效实施，因为国库现金波动频繁，会直接削弱中央银行控制基础货币能力，影响金融市场利率信号和信贷信号的准确性。通过国库现金管理，对国库现金流进行预测调控，不仅可以避免对金融市场产生不利影响，还可以有效配合中央银行货币政策实施。不同国库现金余额管理模式对货币供给量的影响不同：①传统的央行代理国库现金管理的模式下，国库现金余额构成央行基础货币的重要部分；②国库现金余额存入商业银行的国库现金管理模式中，国库资金运动直接影响货币供给量；③国库资金余额直接进入货币市场进行短期投资可能将会影响货币市场价格波动。上述结论得到实证分析的证明，因而国库现金管理与央行货币政策管理二者必须协调配合。

第七，国库现金管理框架下的政府债务管理还需要与央行货币政策管理相协调。因为随着国库现金管理创新的不断推进，政府债务管理将从被动地、分散地执行国债发行和还本付息等职能转向以政府债务组合为内核的主动、全面的债务管理。短期国债作为货币市场工具，是连接国库现金管理、政府债务管理与货币政策的纽带，因而，国库现金管理中的政府债务管理还有与央行货币操作管理相协调的问题——主要是随着国库现金管理创新活动的深入，短期国债滚动发行机制的建立及其国债种（券）规模的扩大，将使短期国债替代央行票据成为公开市场操作的主流工具。研究表明，短期国债的确有替代央行票据成为公开市场操作主流工具的必要与可能性。但短期内央行票据仍将在央行货币政策调控中发挥重要作用，基于以上结论，为保证我国公开市场操作的顺利开展，财政部门和央行需要在以下方面做好相应的安排：①加强国债管理，优化国债期限结构，改进发行方式，适时推出短期国债的滚动发行机制，促进国债二级市场的统一；②完善央行票据管理，采取更加灵活的发行方式，拓宽一级交易商范围，完善央行票据的滚动发行机制，并积极尝试央行票据的提前偿还操作手段；③在宏观经济政策方面，财政部与央行要积极协调、紧密配合，有效化解政策冲突。为此，一方面，在国债管理、国库管理和货币政策决策和机构设置上，财政部门与央行应明确分工、彻底分离，以保证央行货币政策的独立性；另一方面，要建立专门的协调委员会或松散的经常性沟通渠道，加强财政与央行双方的信息交流和磋商，以保证在政策操作层面上开展必要的协调配合。

第八，我国的国库现金管理与货币政策管理协调的制度设计应借鉴国际上先进的国库现金管理经验，从以下几个层面着手：①科学设置管理机构。财政部门设置专门的国库现金管理机构，国库现金管理机构应当由财政部门管理；②科学设立国库余额管理账户体系。在人民银行开立国库单一账户，记录国库现金收支状况和进行余额管理，在国库单一账户基础上建立两级政府存款账户体系，实现政府存款头寸在中央银行与商业银行之间的合理灵活调配，为实现国库现金管理与货币政策协调配合提供技术平台；③明确国库余额投资运作管理中财政与央行的职责。中央银行应该为国库现金管理运作提供操作协助，财政国库现金管理运作要为货币政策操作提供必要的便利；④建立财政与中央银行之间的协商与对冲机制。通过建立协调和对冲机制，确保国库现金操作与货币政策操作的协调一致。

10.2 创新之处

关于我国国库现金管理创新的研究是一个崭新课题，对国库现金管理体制创新的系统性研究几乎是空白，本书在这一方面进行了初步的探索，其可能的创新之处主要是：

第一，对我国国库现金管理体制改革进行了系统的理论分析与论证，尝试构建了一个研究转轨经济国家国库现金管理体制创新的分析框架，可以改善国内现有研究文献缺乏系统性的不足状况。

第二，以公共财政理论、制度创新理论与现代财务理论为分析工具，全面系统地阐述了我国国库现金管理模式创新的理论基础，为实施我国国库现金管理体制改革提供坚实的理论依据。

第三，运用定性与定量分析相结合的研究方法，尝试性地实证分析建立国库现金管理与政府债务管理协调机制、政府国债券的滚动发行规模与结构问题。定量分析结论证明国库现金管理与政府债务管理协调配合具有较高的经济效益与积极意义，揭示了短期国债发行与政府现金流波动之间的规律性，提出了二者协调配合的政策建议，对政府相关部门的决策具有一定的参考价值。

第四，对超过国库目标余额的库底资金投资运作的投资工具选择问题进行了较深入探讨，尤其以某省地方国库为例，测算了其国库目标余额，并提出了地方国库资金投资运作的具体方案设想。

第五，从三个方面展开分析了国库现金管理与央行货币政策管理协调配合的问题：一是根据定性与定量相结合的方法探讨政府国库现金流量与货币供给量之间的关系，以及国库现金余额的投资运作对我国金融（货币）市场可能产生的影响。其中分析模型的构建和统计回归方法运用于该研究中，是一种新尝试，可为后续研究在方法上提供一定借鉴；二是对国库现金管理创新中，短期国债滚动发行机制的建立以及国债债种（券）规模的扩大，央行公开市场操作工具将可能被短期国债取代的问题进行了分析研究；三是根据国际经验、结合国情提出了国库现金管理与央行货币政策管理协调配合的制度安排建议。

10.3 研究展望

建立新型国库现金管理体制是现代国库管理制度的核心内容，是一项复杂的系统工程。国库现金管理体制的改革与创新，既涉及财政部门内部的管理体系，更涉及财政与中央银行的协调及财政政策与货币政策的协调配合等问题。本书进行了一些初步的探讨，但由于这项创新工作的实践在我国才刚刚开始，需要进行的实证分析数据上难以采集，再加上作者能力知识结构所限，关于该问题的研究还有不完善的地方，具体讲，需要进一步研究的问题主要有：

第一，完善国库现金管理相关法律法规的研究。进行国库现金管理体制改革与创新，包括科学账户体系管理、现金流管理与预测、最佳现金持有量的测定、现金余额投资运作等都要进行重大改革。如果没有相关的法律、法规制度加以约束和保障，很难建立一个完善的国库现金管理体制。因此，需要研究和尽快出台健全、完善的国库现金管理相关法规体系，为国库现金管理体制改革提供法律保障。相应地重新修订《中华人民共和国预算法》、《中华人民共和国国家金库条例》、《财政总预算会计制度》，相应制定《国库现金管理办法》以及《国库现金余额管理办法》等。同时，相应的法规体系应该对国库现金余额投资的品种、方向、范围、时间、规模等方面做出严格的规定，以利于规范运作，切实防止违规操作，坚决杜绝违法行为，从根本上保证国库现金的集中管理、安全完整和使用效率最大化。

第二，研究短期国债市场的发展与央行票据市场的替代问题。国库现金管理必然涉及我国短期国债的大量发行，短期国债具有现金管理职能，但它与2002年中央银行开始发行的央行票据都与货币政策操作有关，都是央行货币政策操作的工具。据国外文献介绍，目前世界上没有一个国家在发行短期国债的同时还发行央行票据。那么，我国应该怎样抉择？是短期国债与央行票据并行发行？还是由短期国债逐渐取代央行票据？财政与央行二者之间应该怎样协调，短期国债取代央行票据将会对货币市场产生哪些影响等等问题，尚需要随着实践的发展而进行深入的实证研究。

第三，国库现金管理与央行货币政策管理的协调配合，防止国库现金运作对货币市场的冲击，保证财政政策与货币政策相协调，共同实现宏观经济调控目标等问题都是值得继续研究的重大课题，本书虽做了初步探讨但还很粗浅，由于数据资料的可得所限，研究结论还不够成熟，有待今后国库现金管理实践的展开，收集到相关数据后再做进一步跟踪研究。

第四，进一步研究国库现金管理实施中操作层面的问题，比如明确国库现金管理各实施阶段的目标任务，如何建立风险防范体系，等等。对于国库现金管理风险防范问题，随着我国国库现金管理创新的展开，需要进一步加强研究。

参考文献

［1］马海涛主持:《国库集中收付制度问题研究》［M］,北京:经济科学出版社,2004 年 8 月,第 12 页。

［2］阎坤、周雪飞:《发达国家国库管理制度的考察与借鉴》［J］,《财政研究》,2003 年 第 2 期,第 25 - 28 页。

［3］韦士歌:《中国国库现金管理战略思考与操作安排——从近几年中央国库存款余额持 续较高谈起》［J］,《财政研究》,2005 年第 9 期,第 23 - 25 页。

［4］Storkey, lan *Government Cash and Treasury Management Reform* ［J］. Asian Development Bank, The Governance Brief, Issue 7 - 2003.

［5］Kennetb D. Garbade, John C. Partlan, and Paul J. Santoro. *Recent Innovations in Treasury Cash Management* ［J］ Current Issues in Economics and Finance. 2004. Volume 10, Number11.

［6］Christie C Onwujuba, Thomas D Lynch. *Cash management practices in Louisiana municipalities* ［J］, Journal of Public Budgeting, Accounting & Financial Management. 2002, 14 (1): 95 - 116

［7］United Kingdom Debt Management Office. *Government Cash Management*: *The New Framework*. http: //www. dmo. gov. uk/documentview. aspx? docname = publications/moneymarkets/cmfwork041298. pdf&page = money_ markets/publication.

［8］United Kingdom Debt Management Office. Exchequer Cash Managment-A DMO Handbook. http: //www. dmo. gov. uk/documentview. aspx? docname = publications/moneymarkets/cmhandbook200202. pdf&page = money_ markets/publication

［9］同［2］

［10］马洪范:《美、英国库现金管理模式比较与差异析源》［J］,《中国财经信息资料》, 2003 年第 1 期,第 280 - 304 页。

［11］贾康、阎坤、周雪飞：《国库管理体制改革及国库现金管理研究》［J］，《管理世界》，2003 年第 6 期，第 15－25 页。

［12］王雍君：《政府现金管理与国库改革》［J］，《上海财税》，2003 年，第 6 期第 6－9 页。

［13］孟春、李晓慧：《建立高效率的政府现金管理体系》［J］，《中国改革论坛》，2004 年 9 月 27 日，第 15－16 页。

［14］潘国俊：《国库现金管理模式研究——兼论我国国库现金管理体制改革》［J］，《财政研究》，2004 年第 8 期，第 21－22 页。

［15］程丹峰、杨照南：《中国国库现金管理与货币市场投资选择》［J］，《财政研究》，2004 年第 9 期，第 31－35 页。

［16］马洪范：《发达国家熨平国库现金波动的经验》［J］，《中国财政》，2005 年第 1 期，第 63－64 页。

［17］马洪范：《我国国库现金最佳持有量的确定：一个分析框架 . 财政部科研所 2004—2005 年度财政研究报告》［M］，北京：中国财政经济出版社，2005 年 8 月，第 280－304 页。

［18］同［3］

［19］王瑛：《国库现金管理法规背景的思考》［J］，《财政研究》，2005 年第 5 期，第 40－43 页。

［20］张馨：《论公共财政》［J］，《经济学家》，1997 年第 1 期，第 96－103 页。。

［21］郭庆旺、赵志耘：《公共财政论质疑》［J］，《财政研究》，1998 年第 10 期，第 4－48 页。

［22］ Musgraue, R., the Longer Vaw, Internateord Tax and Public Finance, 1994 (1)：81－175

［23］钱颖一：《市场与法治》［J］，《经济社会体制比较》，2000 年第 3 期，第 1－11 页。

［24］张馨：《构建公共财政框架问题研究》［M］，北京：经济科学出版社，2004 年 7 月，第 1－2 页。

［25］程丹峰：《关于国库现金管理的若干基本问题》［J］，《财政研究》，2005 年第 3 期，第 13 页。

［26］同［25］

［27］马洪范：《论国库现金管理的内涵与本质 . 2005 财政热点报告》［M］，中国财政经济出版社。

［28］同［11］

［29］同［1］

［30］同［11］

［31］刘玉平：《财务管理》［M］，上海：东华大学出版社，2003 年，第 16 - 17 页。

［32］葛文雷：《财务管理学》［M］，北京：中国人民大学出版社，2004 年，第 47 - 49 页。

［33］《亚洲开发银行. 政府支出管理》［M］，北京：人民出版社，2001 年，第 198 页。

［34］A·普雷姆詹德：《有效政府会计》［M］，北京：中国金融出版社，1996 年 7 月。

［35］A · Prenchand, Government Financial Management Issues and Country Studies ［M］. International Monetary Fund, 1990. 135 - 136

［36］［美］B·J·理德、约翰·W·斯韦恩：《公共财政管理》［M］，北京：中国财政经济出版社，2001 年，第 183，184 - 185，197，189 页。

［37］Mike Williams. Government Cash Management Good-And-Bad Practice ［J］. http：//treasury. worldbank. org/web/CM-V2-Aug04MikeWilliams. pdf

［38］吴孝政：《政府经济学》 ［M］，长沙：湖南大学出版社，2003 年 1 月，第 130 - 131 页。

［39］黄少军、何华权：《政府经济学》 ［M］，北京：中国经济出版社，1998 年 2 月，第 186 - 187 页。

［40］同［39］

［41］邓晓兰：《国库现金管理模式创新的制度经济学分析》［J］，《财政研究》. 2007 年第 2 期，第 24 - 26 页。

［42］马海涛：《国库集中支付制度问题研究》［M］，经济科学出版社，2004 年，第 41 页。

［43］《财政部国库司. 财政国库管理制度改革试点培训资料汇编》［M］，北京：中国财政经济出版社，2001 年 3 月。

［44］同［11］

［45］马海涛主持：《国库集中收付制度问题研究》［M］，北京：经济科学出版社，2004 年 8 月，第 21 - 25。

［46］同［2］

［47］同［43］

［48］同［19］

［49］同［32］

［50］www. icxo. com. 世界经理人. 2004 年 8 月 12 日

［51］《财政科学研究所. 美国国库现金管理的历史回顾和背景剖析》［J］，《中国财经信息资料》，2002. 7. 31 第 10 期。

［52］B. J. Reed, John, w. Swain. Public Finance Administration ［M］. 北京：中国财政经济出版社，2002 年第 2 版

［53］Thomas D. Lynce. Public Budgeting in America ［M］. 北京：中国财政经济出版社，2002 年第 4 版

[54] 宋凤轩、宋超：《西方国家国库管理制度特点及借鉴》[J]，《经济研究参考》. 2003 年第 90 期，第 33－36 页。

[55] 同 [2]

[56] 王雍君：《中国国库体系的改革从分散到集中化》[J]，《财贸经济》，2003 年第 5 期，第 27－32。

[57] 刘玉平：《财务管理学》[M]，北京：中国人民大学出版社，2004 年，第 47－49 页。

[58] 邱华炳：《中法两国国库管理运作比较》[J]，《财政与税务》，2000 年第 2 期，第 26－28 页。

[59] 同 [17]

[60] 同 [17]

[61] 同 [27]

[62] 王俊霞、邓晓兰、赵榆森、李万新：《基于 Miller—Orr 模型的省级政府现金管理实证研究》[J]，《当代经济科学》，2006 年第 5 期，第 103－108 页。

[63] 同 [53]

[64] William J Baumol, *The Transaction Demand for Cash：An Inventory Theoretic Approach* [J] . The Quarterly Journal of Economics 1952，Vol（66）：545－556

[65] 周忠惠、张鸣：《财务管理》[M]，上海：上海三联书店，1995 年，第 239－243 页。

[66] Miller Merton H, Orr Daniel, A Model of the Demand for Money by Firms [J]，The Quarterly Journal of Economics. 1966，Vol（80）：413－435

[67] 同 [17]

[68] 同 [13]

[69] 同 [15] [70] 邓晓兰、王俊霞、李万新：《国库现金管理与国库资金余额投资运作构想》[J]，《当代财经》，2005 年第 6 期，第 59－62 页。

[71] 同 [27]

[72] 高培勇：《公共债务管理》[M]．北京：经济科学出版社，2004 年，第 319，64 页。

[73] 韦士歌：《国库现金管理及与债务管理的协调配合》[J]，《财政研究》，2003 年第 2 期，第 22－24 页。

[74] 贾康、马晨、王桂娟、王哲辉：《国库库底资金的运作管理——市场经济国家国库管理和运作"库底"资金的方式及其启示》[J]，《上海财税》，2002 年第 7 期，第 13－17 页。

[75] 美国财政部的现金管理．世界商业评论．WWW. ICXO. COM，2004 年 12 月 23 日

[76] 同 [37]

[77] 同 [74]

[78] 同 [74]

［79］同［3］

［80］同［3］

［81］赵早早：《美国政府现金管理改革借鉴与启示》［J］，《管理科学》，2004 年第 5 期，第 92－97 页。

［82］同［73］

［83］孟宪琦、杨秀玲、姜杰凡：《西方国家国库管理制度一瞥》［J］，《经济论坛》，2004 年第 8 期，第 115－116 页。

［84］Elizabeth Currie, Jean-Jacques Dethier, and Eriko Togo. *Institutional Arrangements for Public Debt Management*. World Bank Policy Research Working Paper 3021, April 2003

［85］同［14］

［86］同［14］

［87］同［14］

［88］王晓轩：《我国国库现金余额与货币供应量因果关系分析》［J］，《统计与咨询》，2007 年第 3 期，第 46－47。

［89］柳建光、李子奈：《商业银行定期存款的中央国库现金管理方式对货币政策的影响研究》［J］，《财政研究》，2007 年第 6 期，第 57－60 页。

［90］袁永德、邓晓兰、陈宁：《我国货币供应量影响因素的实证分析—兼论货币管理与国库现金管理之间的协调》［J］，《财经理论与实践》，2006 年第 5 期，第 13－19 页。

［91］同［72］

［92］汪洋：《央行票据：终将消逝的政策工具》［J］，《财经科学》，2005 年第 5 期，第 8－14 页。

［93］陆前进：《论中央银行货币管理和短期公共债务管理、央行票据债务管理之间的协调》［J］，《世界经济文汇》，2005 年第 4 期，第 224－228 页。

［94］同［3］

［95］邓晓兰、段从峰：《公开市场操作：国债与央行票据替代性分析》［J］，《上海金融》，2008 年第 10 期，第 39－42 页。

［96］原雪梅：《我国公开市场业务操作工具的多元化选择》［J］，《天津商学院学报》，2006 年第 7 期，第 34－37 页。

［97］汪文进、方兴起：《短期国债与宏观调控的有效性》［J］，《长江论坛》，2006 年第 6 期，第44－48页。

［98］钟华：《短期国债 PK 央行票据》［N］，《财经时报》，2006 年 2 月 13 日。

［99］同［97］

［100］原学梅、张炳发：《直接发行央行票据对我国公开市场操作的启示》［J］，《华南金融研究》，2003 年第 5 期，第 9－11 页。

［101］史焕平：《外汇储备非均衡增长下的央行冲销政策的特点与可持续性分析》［J］，《武汉金融》，2006 年第 11 期，第 7—9 页。

［102］何振宇：《我国现阶段央票对冲成本及对经济的影响》［J］，《经济金融观察》，2006年第 9 期，第 10—11 页。

［103］鄢晓发：《外汇储备管理的财政政策选择》［J］，《财政研究》，2007 年第 7 期，第33—35 页。

［104］同［7］

［105］周虹：《浅议澳大利亚和新西兰国库管理制度》［J］，《中国海事》，2006 年第 4 期，第 64—65 页。

［106］同［5］

［107］陈颖：《西方国家国库现金管理模式特点与借鉴》［J］，《金融会计》，2006 年第 10期，第 50—52 页。

［108］同［75］

［109］李慧：《OECD 国家的国库管理及借鉴思考》［J］，《财经问题研究》，2002 年第 1期，第 64—66 页。

［110］同［84］

［111］同［3］

［112］汪洋：《中央银行票据、公债管理和铸币税》［J］，《世界经济》，2007 年第 4 期，第25—35 页。